Das Ravensburger Werkbuch Papier

UTE & TILMAN MICHALSKI

Das Ravensburger Werkbuch Papier

UTE & TILMAN MICHALSKI

Ravensburger Buchverlag

Bibliographische Information der Deutschen Nationalbibliothek:

Die Deutsche Nationalbibliothek verzeichnet diese Publikation in der Deutschen Nationalbibliografie. Detaillierte bibliografische Daten sind im Internet über http://dnb.d-nb.de abrufbar.

© 2015 Ravensburger Buchverlag Otto Maier GmbH
Postfach 1860
88188 Ravensburg

Illustrationen: Tilman Michalski
Fotos: Ute Michalski
Umschlagfotos: Ute Michalski
Umschlagsdesign: Miriam Weber
Satz: Weiß-Freiburg GmbH – Graphik & Buchgestaltung
Printed in Germany

4 3 2 1   18 17 16 15

ISBN 978-3-473-55309-9
www.ravensburger.de

Dank an Herrn Dr. W. Zohner für die Hunde von Seite 26.

Inhalt

Kleine Papiergeschichte

Ursprünglich wurde Papier nur als Nachrichtenträger benutzt. Ein chinesischer Hofbeamter, Tai Lun mit Namen, soll es im 1. Jahrhundert unserer Zeitrechnung erfunden haben. Es war eine Notlösung, denn die Seide, auf die bis dahin geschrieben wurde, war viel zu kostbar geworden.

Während die Chinesen Seide als Schreibgrund benutzten, behalfen sich andere Völker mit Rindenstückchen oder Steinplatten, Wachs- und Tontafeln, Papyrus, Pergament und Tapa.
Papyrus wurde vor 6000 Jahren erfunden. Es war das Schreibmaterial der Antike, das unserem Papier seinen Namen gab. Es wurde aus Markstreifen der Papyrus-Schilfstaude in Ägypten gewonnen. Erst im 4. Jahrhundert wurden die antiken Schriftrollen aus Papyrus von in Buchform gebundenem Pergament abgelöst. Pergament besteht aus besonders bearbeiteten, ungegerbten Tierhäuten. Es ist haltbarer und besser zu beschriften als Papyrus.

Römische
Wachstafel

Papyrus

Von ihren chinesischen Kriegsgefangenen erfuhren die Araber im 8. Jahrhundert das „Geheimnis der weißen Kunst". Sie verbreiteten es im Laufe der nächsten vier Jahrhunderte im islamischen Raum, über Nordafrika bis nach Spanien. Dort entstand im 12. Jahrhundert die erste Papierwerkstatt Europas.

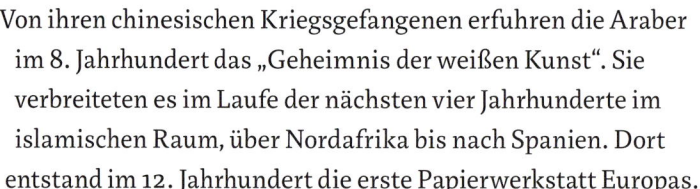

In Deutschland wurde 1390 vor den Toren Nürnbergs die erste Papiermühle in Betrieb genommen. Papier zählte damals immer noch zu den Luxusgütern.

Erst durch die Erfindung des Buchdrucks, Mitte des 15. Jahrhunderts, erlebte das Papier eine größere Nachfrage und löste schließlich im 16. Jahrhundert das Pergament ab. So hielt das Papier Einzug in die Kanzleien und Verwaltungen, in die Handelskontore und Gelehrtenstuben.

Bis ins 19. Jahrhundert war das Material, aus dem in Europa das Papier gefertigt wurde, fast ausschließlich aus textilem Rohstoff wie Lumpen oder Hadern. Dieses wurde bei der ständig steigenden Papierproduktion immer knapper. Deshalb suchte man nach neuen Rohstoffen.

Der französische Naturforscher A. F. Réaumur machte eine für die zukünftige Herstellung von Papier aufregende Entdeckung. Er beobachtete, dass die Wespen zum Nestbau Holz fein zerraspeln und mit einem klebrigen Sekret binden. Er verwies auf die Möglichkeit, auf ähnliche Weise Papier herzustellen.

A. F. Réaumur
(französischer Naturforscher)

Als schließlich 1843 der Sachse Friedrich Gottlob Keller den Holzschliff erfand, bei dem mithilfe eines Schleifsteins und Wasser Holz zerfasert werden konnte, war Holz als neuer Rohstoff für das Papier gefunden. Um hochwertiges Papier herstellen zu können, mussten aber weiterhin Lumpen beigemischt werden. Erst durch die Erfindung und Beimengung von Zellstoff konnte man immer mehr auf textilen Rohstoff verzichten. Aus der handwerklichen Manufaktur sind längst Papierfabriken geworden mit riesigen Maschinen, bei denen der Papierbrei nicht mehr aus einer Bütte geschöpft wird, sondern auf ein bis zu 100 Meter langes, sogenanntes „Langsieb" fließt. Die feuchte Papierbahn wird am Ende des Siebes um dampfbeheizte Trockenzylinder geleitet und kann gleich trocken aufgerollt werden. 2000 m² Papier können so in der Minute produziert werden!

Der Papierbedarf und die Papierproduktion steigen ständig. Trotz des Anteils von über 40 % Altpapier ist der Verbrauch an Rohstoffen, Energie und Wasser sehr hoch. Die ökologischen Belastungen, die durch die Papierindustrie entstehen, fordern beim verschwenderischen Umgang mit Papier ein Umdenken. Recycling heißt die Devise! Denn Papier ist kostbar.

Nur ein Stück Papier

MATERIAL

- Zeichenpapier
- Schere
- Kleber

Durch Einschneiden, Rollen, Wellen oder Knicken verwandelt sich ein Papierstreifen in kleine Tiere: So entsteht ein Tausendfüßer mit „Fransenfüßen", eine Schlange mit „Ziehharmonika-Falten" oder eine kleine Schnecke. Der Papierigel kann, wenn er wellenförmig gebogen wird, überallhin krabbeln.

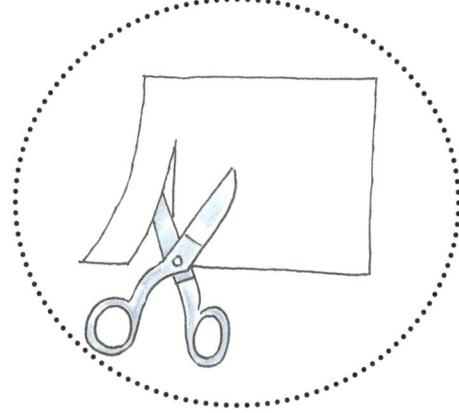

1 Ein Blatt Papier in Streifen schneiden. Ein Ende bei Bedarf zu einem Schwanz zuspitzen.

2 Den Papierstreifen auf einen Rundstab aufrollen. Daraus wird, mit eingeschnittenem Maul, eine Schlange oder, wenn man Fühler aufklebt, ein Schneckenhaus.

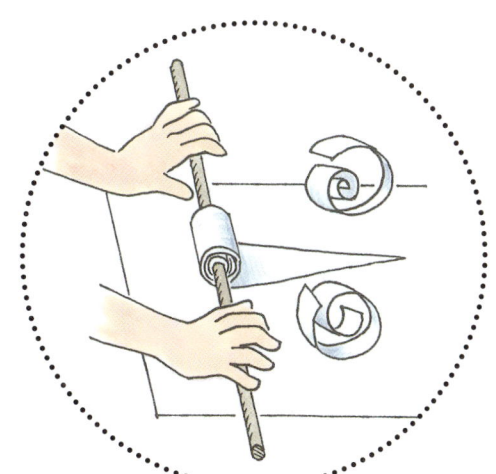

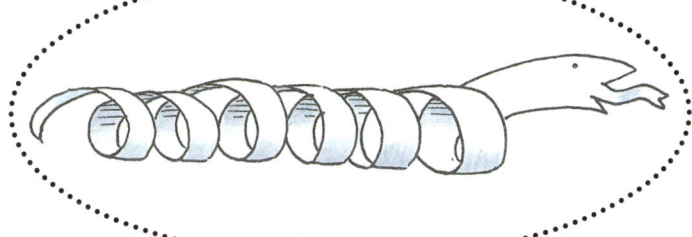

3 Für das Krokodil den Papierstreifen entsprechend zuschneiden, zur Ziehharmonika falten. Den Kopf aussparen und in das Maul Krokodilzähne schneiden.

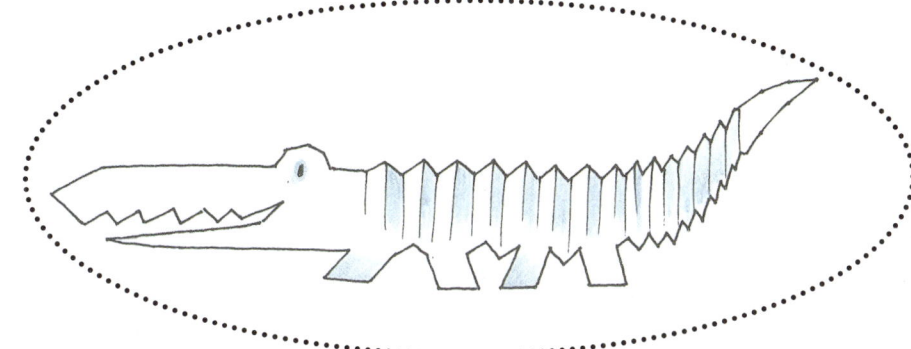

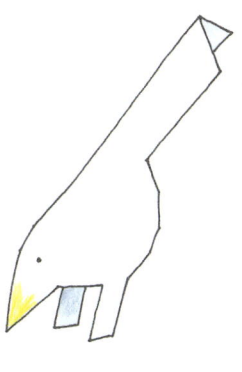

Wenn die Sonne lacht

Beim Sommerfest lacht die Sonne nicht nur vom Himmel, sondern auch aus den Bäumen und Blumenstauden. Haus und Garten sind festlich mit Girlanden geschmückt.

1 Einen gelben Streifen Tonpapier zur Ziehharmonika falten.

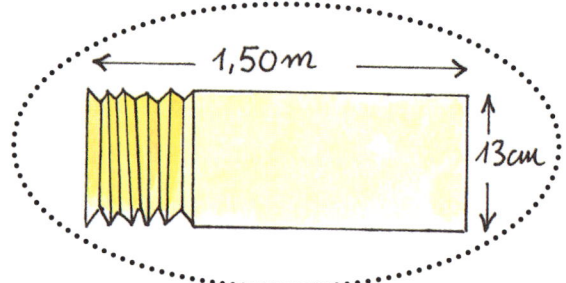

2 Die Falten an einer Seite mit Nadel und Faden aufreihen. Dann den Faden zusammenziehen und die Papierenden für das Sonnenrad aufeinanderkleben.

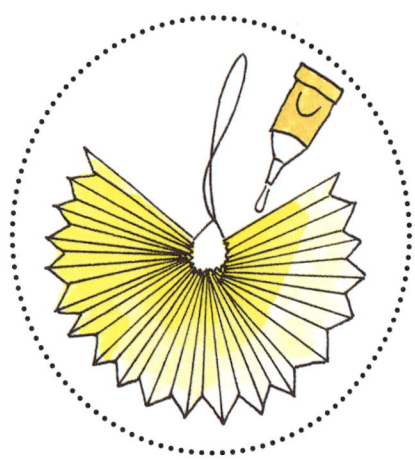

3 Aus Tonpapier zwei Kreise ausschneiden, lachende Sonnengesichter aufmalen und vorn und hinten auf die Sonne kleben.

Girlande

1 Einfaches Schreibpapier falten und an den Rändern bunt bemalen.

2 Das trockene Papier wie eine Ziehharmonika zusammenfalten.

3 Im Abstand von 20 cm die Streifen auf eine Schnur knoten, dann die Streifen an den Enden aneinanderkleben.

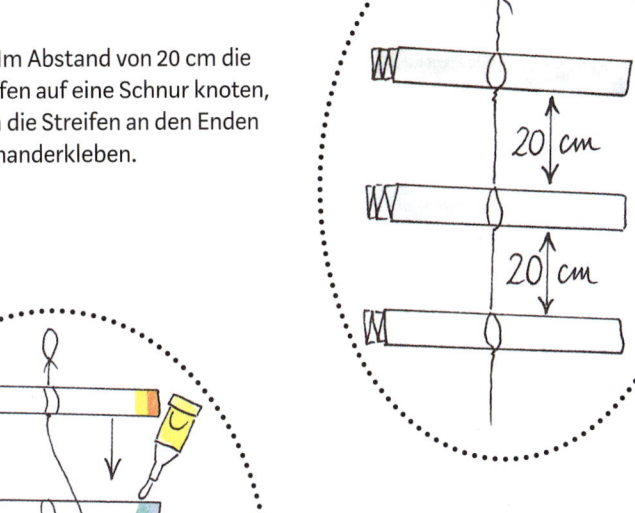

4 Nach dem Trocknen des Klebstoffs die Streifen auseinanderziehen, sodass sie wie Schmetterlingsflügel aussehen.

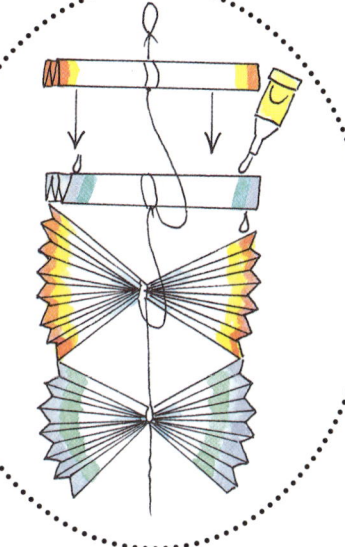

MATERIAL

GIRLANDE

- Schreibpapier
- Deckfarben
- dünne Schnur
- Kleber

3 Alles aus Luftschlangen

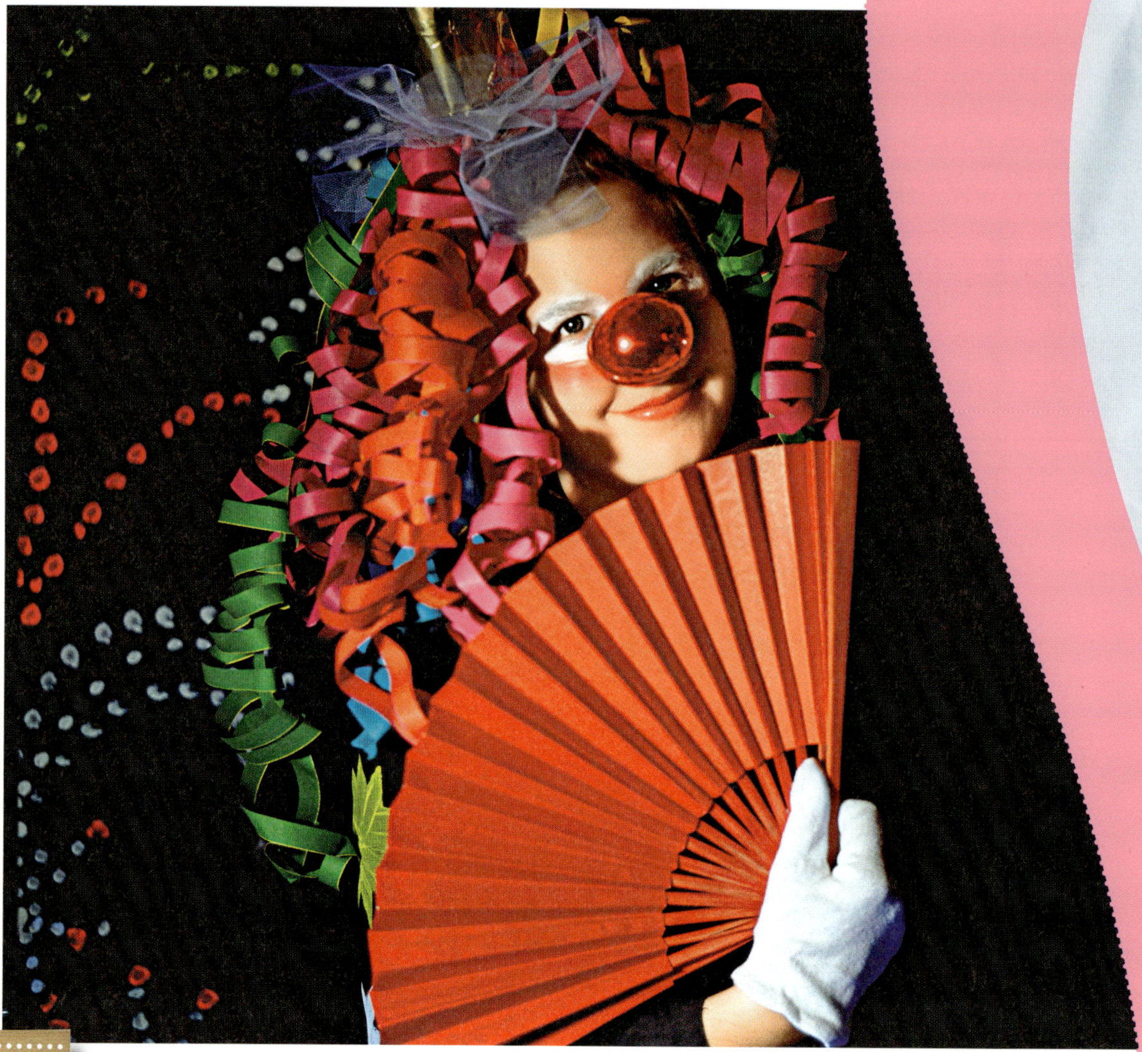

MATERIAL

- Luftschlangen
- Leiste
- Kleber
- Tüll
- Metallfolienpapier

Perücke

Für eine Perücke werden mehrere bunte Korkenzieherlocken zusammengefasst und mit einem Stück Tüll festgebunden. Über den Knoten wird ein Krönchen aus Goldpapier gestülpt und die Perücke mit Haarnadeln auf dem Haupt der Prinzessin befestigt.

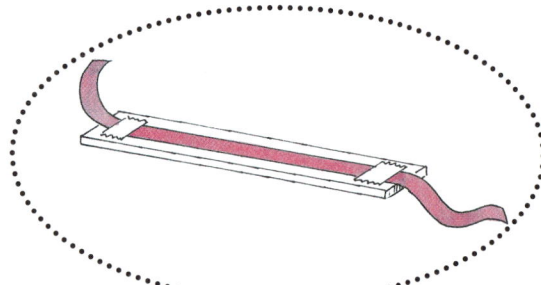

1 Die Luftschlange auf einer Leiste mit Klebefilm befestigen.

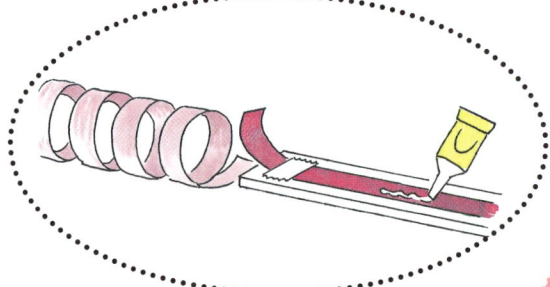

2 Die gespannte Luftschlange in der Mitte mit Kleber bestreichen.

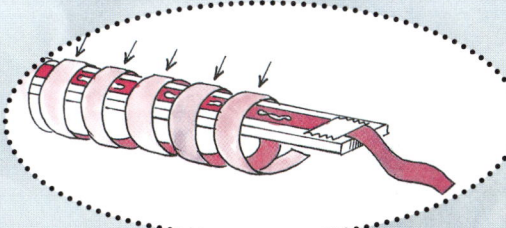

3 Die Leiste in eine Luftschlangen-
locke schieben und mit den Finger-
spitzen sorgfältig andrücken.

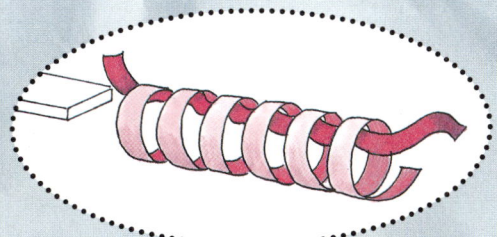

4 Zum Schluss den
Klebefilm entfernen.

Spielsachen

Die Spielsachen sind alle aus einer
Luftschlange entstanden, die zu einer
Scheibe aufgerollt wurde. Wenn man
den Mittelpunkt hochdrückt, entstehen
die vielfältigsten Formen.

Stiel
einkleben

Sandhorngras

1 Die Luftschlange eng zu
einer Scheibe wickeln. Mit dem
Kochlöffel die Mitte eindrücken
und das Gebilde vorsichtig in
die gewünschte Länge ziehen.
Ein transparenter Lacküberzug
macht es stabiler.

2 Sand in
einen Behälter
füllen, Stöckchen
hineinstecken und das
Sandhorngras über die
Stöckchen stülpen.

Geflochtene Osterkörbchen

MATERIAL

BLUMENKÖRBCHEN

- Packpapier
- Bleistift
- Lineal
- Schere

Die einfachste Art des Papierflechtens geht so: Einzelne Streifen werden quer durch die Schlitze eines Papiers gezogen. Besonders schön wird dies, wenn die Streifen aus bunten Papieren geschnitten werden, zum Beispiel Glanz- oder Geschenkpapier, aus funkelndem Folienpapier, Ton- oder Illustriertenpapier oder aus bemalten Bunt- oder Packpapieren.

Blumenkörbchen

1 Aus Packpapier 40 cm lange und 3 cm breite Streifen schneiden. Der Länge nach zusammenfalten.

2 Mehrere Streifen locker nebeneinanderlegen. In der Mitte entsteht dann durch das Einflechten und Zusammenschieben der Streifen ein dicht geflochtenes Rechteck.

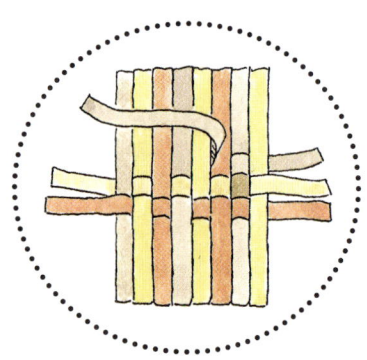

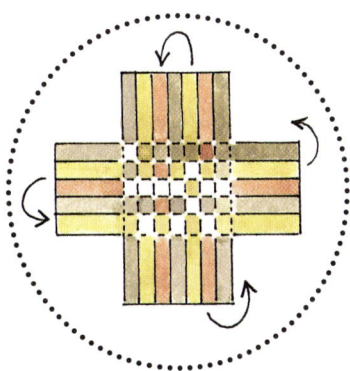

3 Ist die gewünschte Größe für den Boden des Körbchens erreicht, die überstehenden Streifen nach oben knicken.

5 Als Abschlusskanten faltet man aus den hochstehenden Streifen Zacken, die umgebogen und in die Innenseite eingeflochten werden.

Eierkörbchen

1 Aus Zeichenpapier 4 cm breite Streifen schneiden, in der Mitte falten und die Seiten zur Mittellinie falten.

2 Zwei ovale Scheiben ausschneiden, die Papierstreifen wie Sonnenstrahlen dazwischenkleben und nach oben knicken.

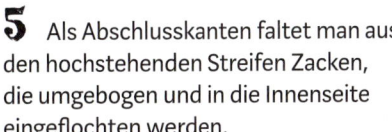

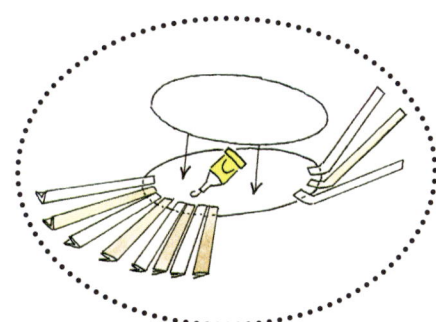

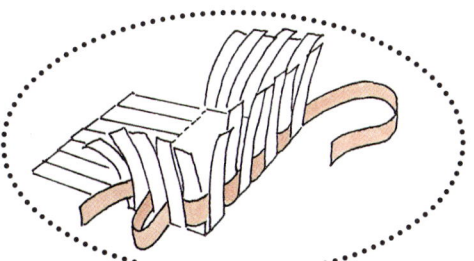

4 Nun mit langen Flechtstreifen rundum flechten. Dabei klebt man die Enden nach jeder Runde einfach übereinander.

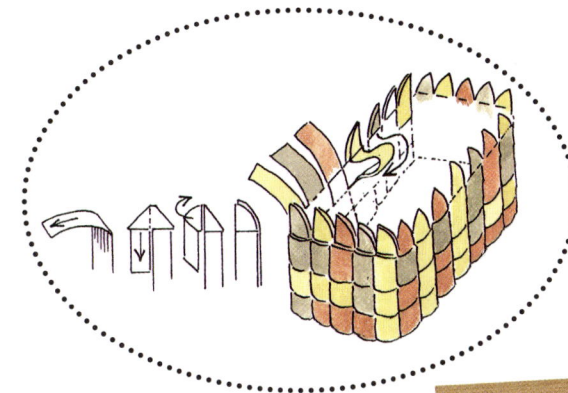

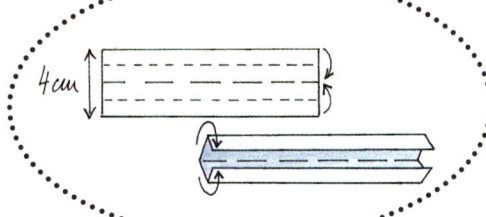

MATERIAL

EIERKÖRBCHEN

- Zeichenpapier
- Kleber
- Bleistift
- Lineal
- Schere

3 Mit langen Streifen rundherum flechten.

4 Zum Schluss alle Streifenenden gleich hoch abschneiden. Rundum außen einen Randstreifen aufkleben, der zur Hälfte übersteht.

5 Überstand mehrmals einschneiden, sodass er nach innen geknickt und festgeklebt werden kann.

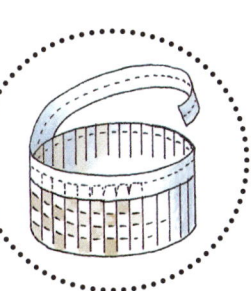

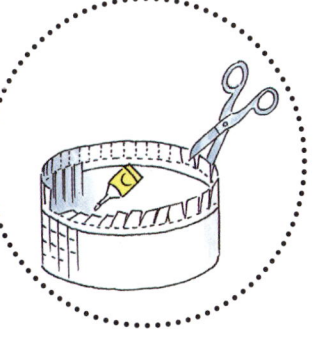

Ein Star unter den Sternen

MATERIAL

- Zeichenpapier oder beidseitig beschichtetes Folienpapier
- Schere

TIPP

Die Streifen können verschiedene Farben haben, doch ihre Breite muss exakt dieselbe sein.

Der geflochtene Stern ist ein Klassiker unter den Weihnachtssternen und wird nach seinem Entdecker auch „Fröbel-Stern" genannt. Friedrich Fröbel wirkte als Pädagoge in der ersten Hälfte des 19. Jahrhunderts.

Für einen Stern werden vier Streifen benötigt. Ihre Länge und Breite richtet sich nach der Größe des Sterns: Für einen ca. 4 cm großen sollten sie 50 cm lang und 2 cm breit sein; ein Stern von 6 cm Größe wird aus 70 cm langen, 3 cm breiten Streifen geflochten.

1 Jeden Streifen der Länge nach zusammenfalten. Die Enden zu stumpfen Spitzen zuschneiden. Streifen in der Mitte zusammenfalten.

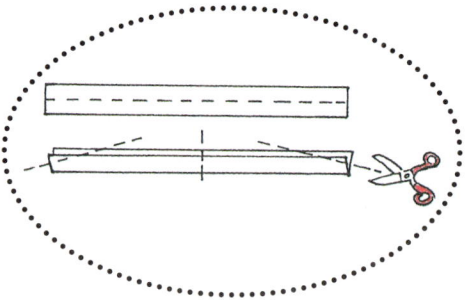

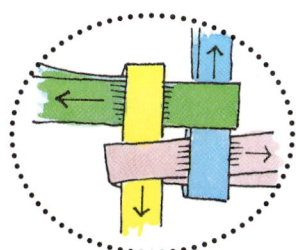

2 Vier Streifen zusammenlegen und zusammenstecken, die Falzkanten zeigen jeweils nach innen. Alle vier Streifen festziehen.

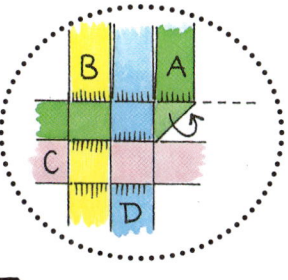

7 Streifen A nach hinten umschlagen und nach oben falten.

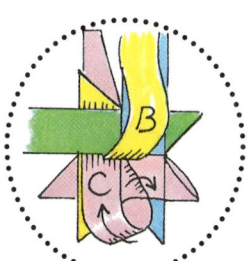

12 A nach hinten umschlagen und unter B schieben, bis die Spitze aus der Zacke austritt.

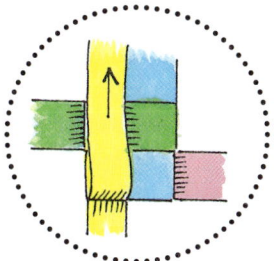

3 Die oben aufliegenden Streifen der Reihe nach falten.

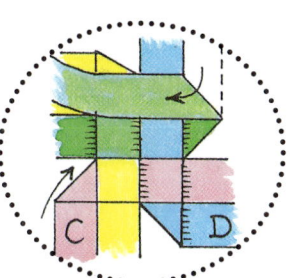

8 Streifen so zurückschlagen, dass ein gleichschenkliges Dreieck entsteht.

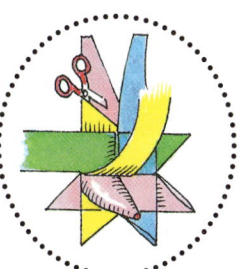

13 Festziehen, bis eine Spritztüte entsteht. Überstand abschneiden.

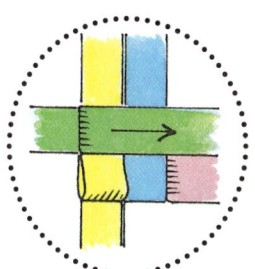

4 Von links nach rechts.

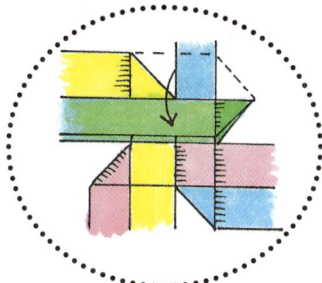

9 Zur Mitte falten.

14 B nach hinten umschlagen und dann unter C-Streifen schieben usw.

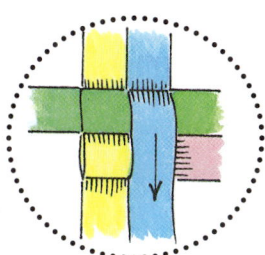

5 Von oben nach unten.

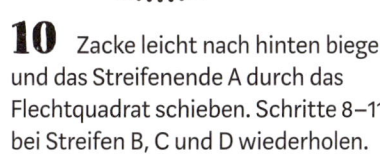

10 Zacke leicht nach hinten biegen und das Streifenende A durch das Flechtquadrat schieben. Schritte 8–11 bei Streifen B, C und D wiederholen.

15 Stern wenden, nochmals vier Spitztüten drehen und die Streifenenden zu den Seitenzacken durchschieben.

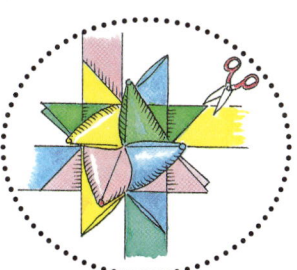

16 Die Überstände abschneiden.

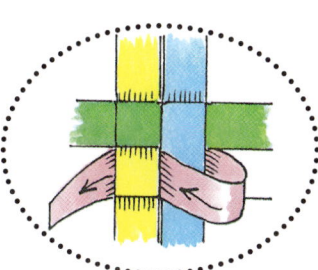

6 Von rechts nach links.

11 Stern wenden, restliche Streifen zu Zacken falten.

MATERIAL

- dünner Zeichenkarton
- Lineal
- Bleistift
- Winkel
- Schere
- Kleber

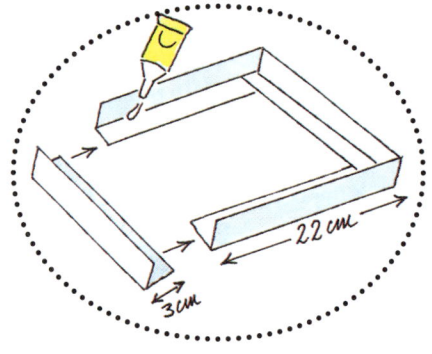

Klack, klack, klack – gleichmäßig klackern die Kugeln den Turm hinunter. Jedes Mal wenn sie in eine neue Laufschiene fallen, gibt es dieses Geräusch.

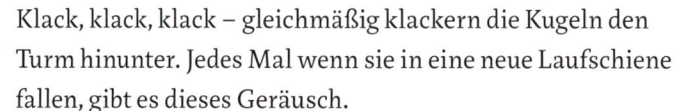

1 Das Turmgerüst besteht aus einzelnen Würfelelementen mit den Maßen 22 × 22 cm. Diese werden aus Winkelschienen zusammengeklebt. Dazu 3 cm breite Kartonstreifen der Länge nach anritzen, knicken und zu einem Viereck kleben.

22 cm

3 cm

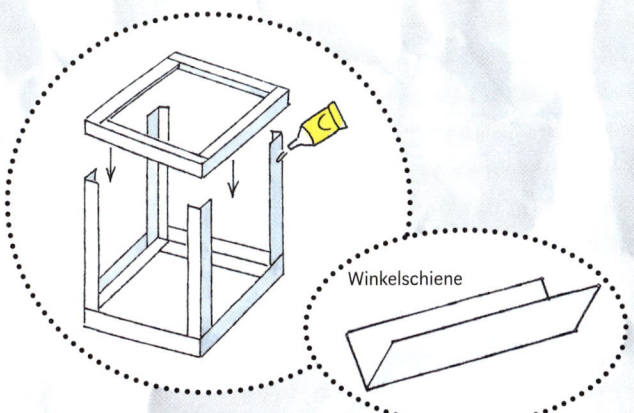

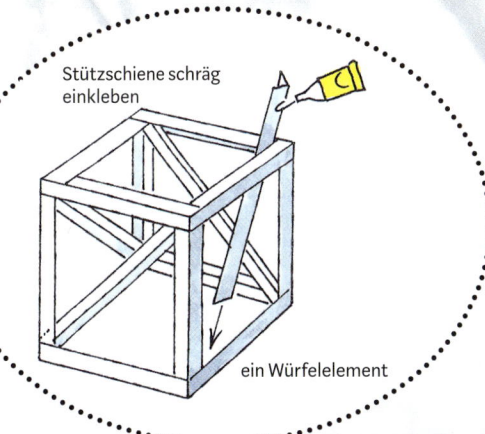

Stützschiene schräg einkleben

Winkelschiene

ein Würfelelement

2 An allen vier Ecken Pfeiler einkleben und zum Schluss ein zusammengeklebtes Viereck aufsetzen. Dies so oft wiederholen, bis der Turm die gewünschte Höhe hat.

3 Um das Gerüst zu stabilisieren, an jeder Ecke von oben nach schräg unten eine ca. 30 cm lange Stützschiene kleben.

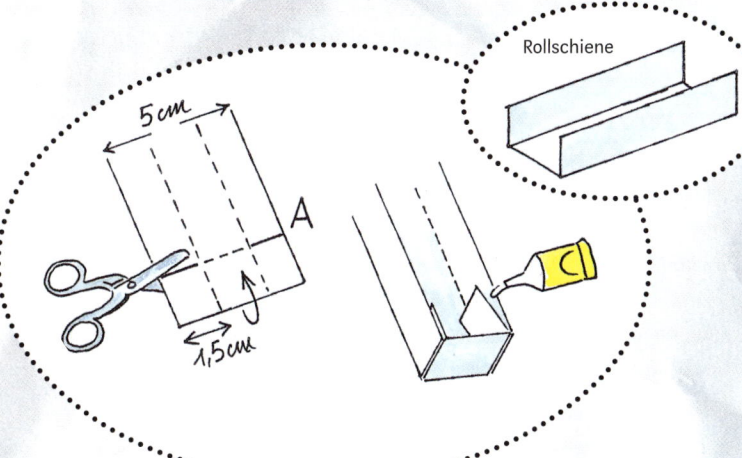

Rollschiene

5 cm

1,5 cm

A

4 Für die Rollschienen den 5 cm breiten Streifen der Länge nach je 1,5 cm vom Rand anritzen und knicken. Das Ende A einschneiden, hochknicken und zukleben.

TIPP
Jede Rollschiene ist 30 cm lang und muss an der geknickten Seitenwand ein paar Millimeter höher sein als die Kugel.

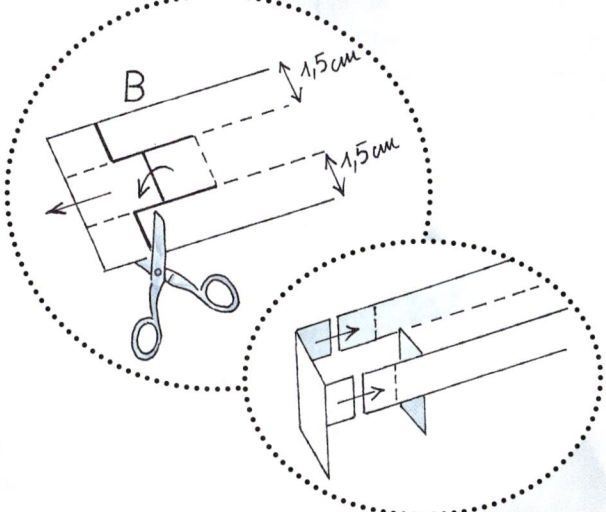

B

1,5 cm

1,5 cm

5 Am Ende B jeweils eine Klappe fertigen, die sich nach unten öffnet.

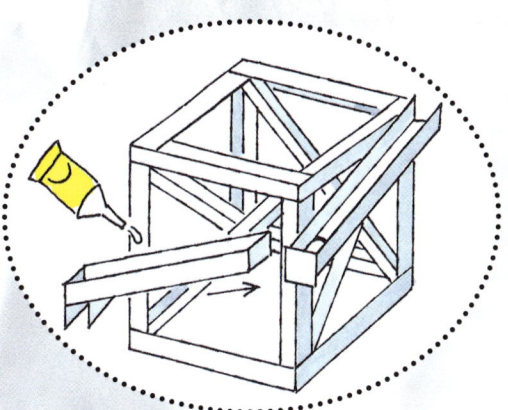

6 Außen an den Turm mit leichtem Gefälle die Rollschienen ankleben, und zwar so, dass immer die obere Schiene auf der unteren aufliegt und die Kugel durch das Loch in die darunterliegende Schiene fallen kann.

Bei den Pfahlbauern

Es gab sie wirklich, die Pfahlbauten in Europa. Überreste fand man in der Schweiz, Norditalien, den Ostalpen und am Bodensee.

Als Schutz vor Feinden und wilden Tieren haben die Menschen damals ihre Häuser auf Pfählen in Ufernähe errichtet. In Extra-Stallgebäuden lebten dort auch ihre Tiere. Die Pfahlbauern ernährten sich von Fischen oder von Wild. Am Ufer bauten sie Getreide an. Dicke Baumstämme, mit Feuer ausgebrannt, waren ihre Boote.

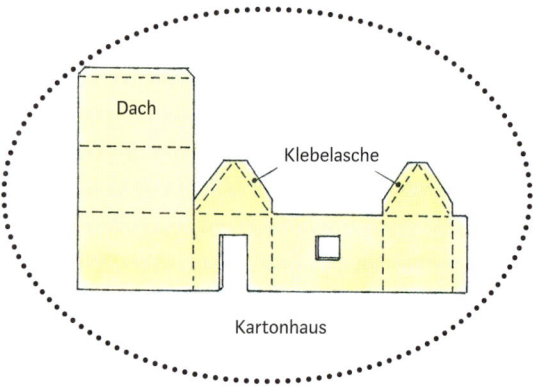

Dach

Klebelasche

Kartonhaus

1 Aus Karton das Pfahlbauhaus des Siedlungsmodells zuschneiden. Fenster und Tür herausschneiden. Innerhalb der Ränder den Karton für die Klebelaschen anritzen und umbiegen.

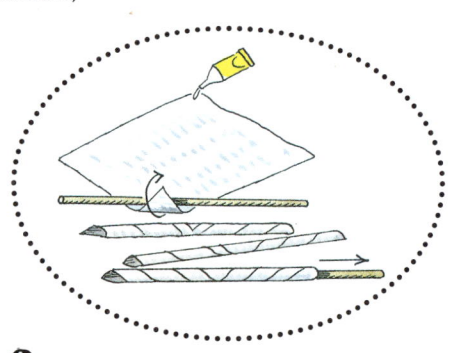

2 Für die Wände und den Steg Papierrollen herstellen. Dafür je ein Blatt Zeitungspapier über ein Rundholz aufrollen und das Ende festkleben. Mit Dispersionsfarbe bemalen.

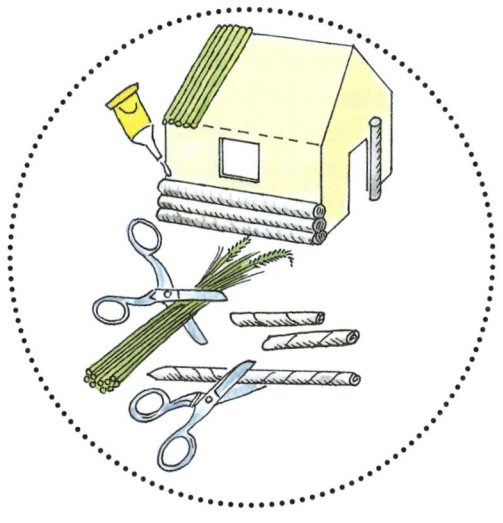

3 Das Haus aufstellen, die Wände mit den Papierrollen und das Dach mit trockenem Gras bekleben.

MATERIAL

- Styroporplatten
- Grundplatte
- Spachtelmasse
- Dispersionsfarbe
- Zeitungspapier, Karton
- dünne Rundhölzer
- Kleber, Holzleim
- trockenes Gras
- Schere
- Schabewerkzeug

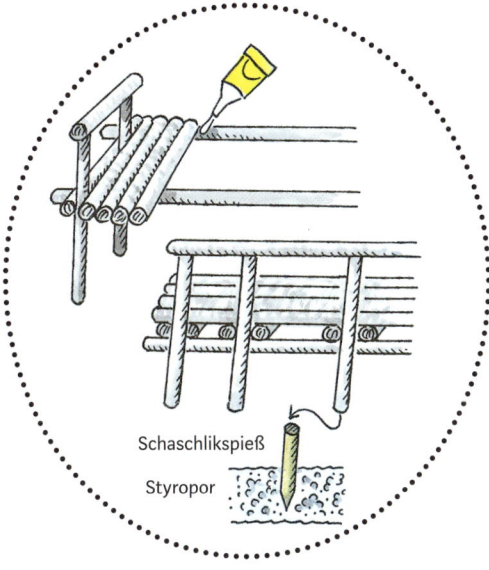

Schaschlikspieß

Styropor

4 Die hohlen Papierrollen für die Pfähle über hölzerne Spießchen stülpen und in den Styroporgrund stecken. Den Steg dicht mit den Rollen bekleben.

TIPP

Die Bewohner des Pfahlbaudorfes entstehen aus Papierröllchen. Diese werden aneinandergeklebt, mit Kleisterpapierstreifen Körper geformt und dann mit Dispersionsfarbe bemalt.

Dispersionsfarbe

Gips

Schabewerkzeug

Styropor

Pappe oder Spanplatte

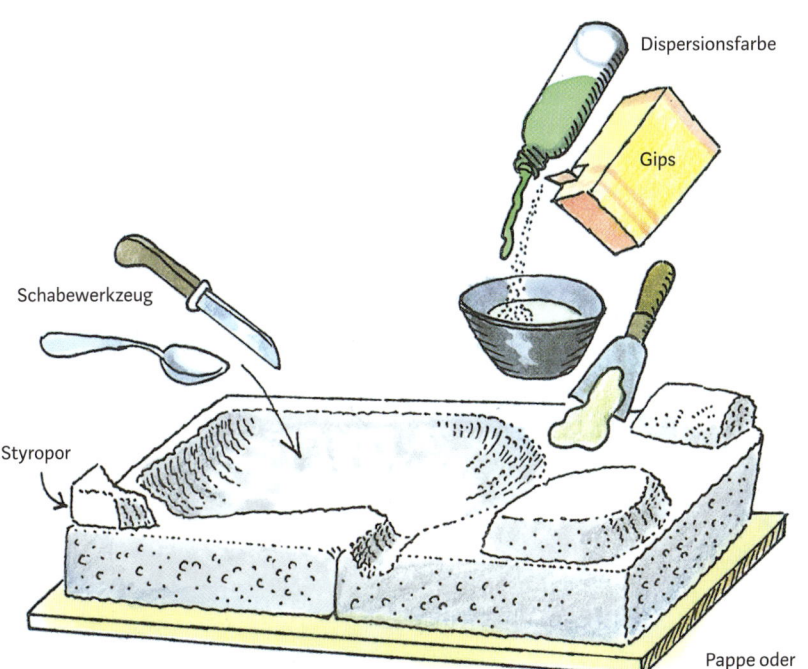

5 Für den Untergrund bzw. das Gelände Styroporplatten mit Ponal bestreichen und auf einen festen Karton oder eine dünne Spanplatte kleben. Ist der Kleber getrocknet, kratzt man mit Messer und Löffel den See und den Fluss aus. Zusätzlich aufgeklebte Styroporstücke ergeben Hügel. Die angerührte Spachtelmasse wird mit Dispersionsfarbe eingefärbt und die fertige Landschaft damit entsprechend überzogen.

Grüße vom Oktoberfest

MATERIAL

SCHIFFCHEN

- Tonpapier DIN A4
- dünner Zeichenkarton

Der Duft von gebrannten Mandeln, Drehorgelmusik, Geisterbahn-heulen und himmelhoch schaukeln – das ist Oktoberfest! Treten Sie näher, meine Herrschaften, in eine kleine Welt der Kinderträume!

Schaukelschiffchen

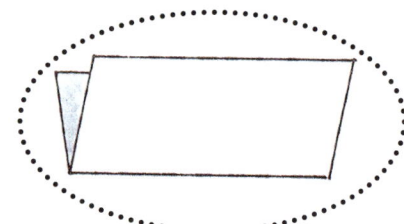

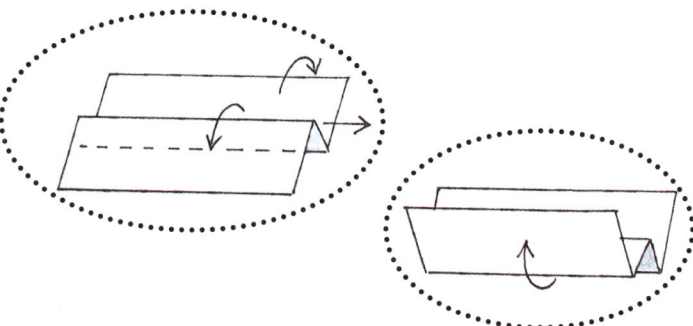

1 Aus Tonpapierbögen werden die Schaukel-schiffchen gefaltet. Den Papierbogen zuerst in der Mitte zusammenfalten.

2 Das Papier dann an beiden Seiten 2 Fingerbreit nach außen falten. Danach die Enden wieder nach oben knicken.

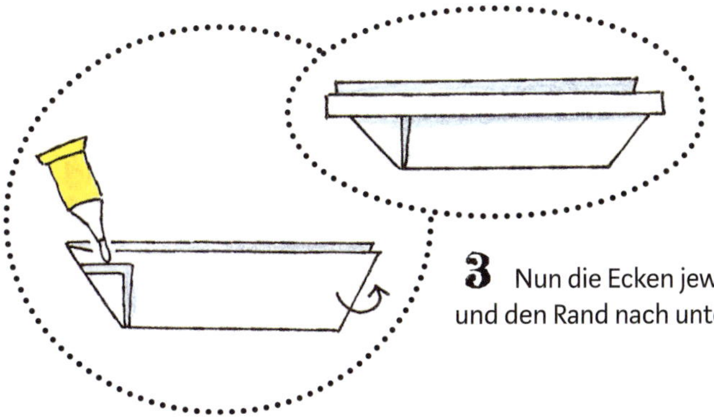

3 Nun die Ecken jeweils auf die Seite und den Rand nach unten falten.

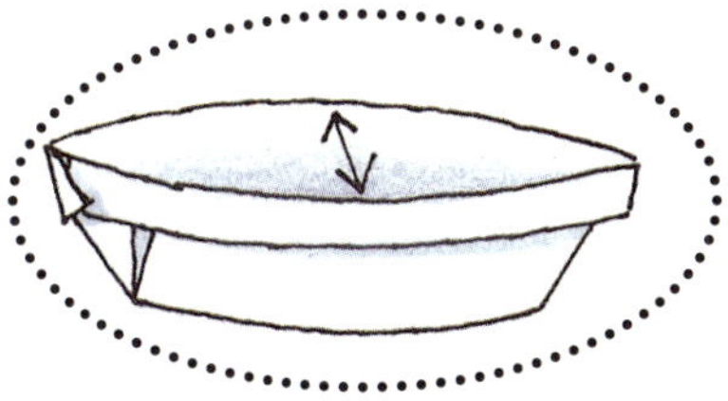

4 Jetzt das Boot auseinanderziehen.

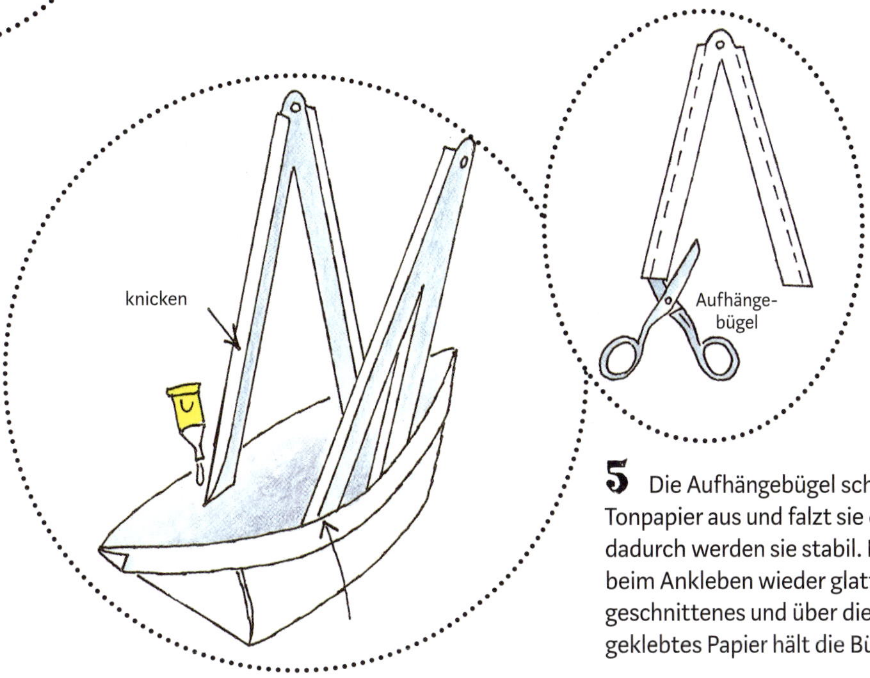

knicken

Aufhänge-bügel

5 Die Aufhängebügel schneidet man aus Tonpapier aus und falzt sie der Länge nach, dadurch werden sie stabil. Das untere Ende wird beim Ankleben wieder glatt gedrückt. Ein doppelt geschnittenes und über die Schaukelstange geklebtes Papier hält die Bügel auseinander.

Gerüst

1 Das Gerüst der Schiffschaukel wird auf einen Kartongrund geklebt. Es besteht aus Papierröhren, die mit Dispersionsfarbe bemalt werden.

2 Mit Ecken aus Tonpapier wird das Gestell zusammengeklebt. Ein Schaschlikstab ist die Schaukelstange; sie wird durch die Stützen und auch durch die Aufhängebügel der Schaukeln geschoben und mit Wattebällchen an beiden Seiten festgehalten.

Watteball

MATERIAL

GERÜST

- Zeitungspapier
- dünner Rundstab
- Dispersionsfarbe
- Kartondeckel
- Tonpapier
- Wattebälle
- dünne Kartonstreifen
- Zahnstocher
- Kleber

Jahrmarktsbuden

MATERIAL

- Schachtel
- Dispersionsfarbe
- Buntpapier
- Seidenpapier
- Streichholzschachteln
- Zahnstocher
- Wattebälle
- Alufolie
- Perlen

Auf dem Oktoberfest und anderen Jahrmärkten gibt es natürlich auch Buden mit allerlei Leckereien: Zuckerwatte, Bonbons, Lebkuchenherzen und kandierte Äpfel. Bei der Schießbude kann man sein Geschick ausprobieren und versuchen, die schönen Blumen zu treffen.

1 Die kleinen Buden werden aus Schachteln geschnitten und zu-sammengeklebt. Den unteren Teil des Schachtel-deckels anritzen und nach hinten falten.

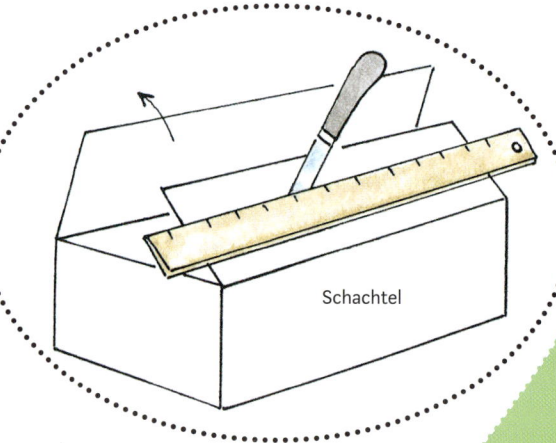

Schachtel

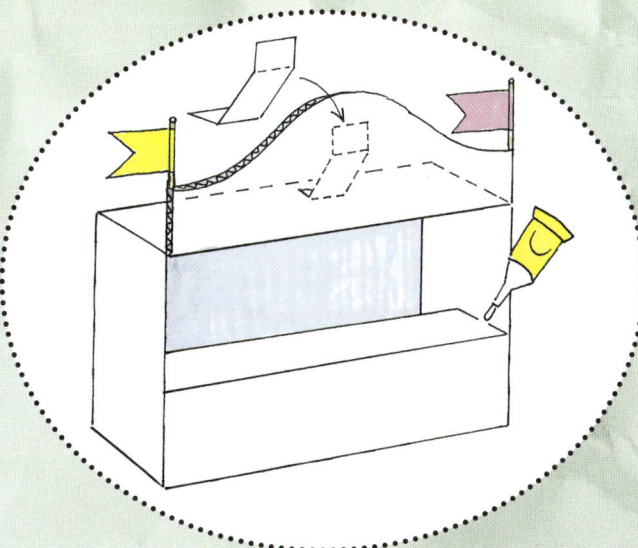

2 Den anderen Teil des Schachteldeckels nach oben falten, zurechtschneiden und mit einer angeklebten Stütze fixieren. Als Verzierung Fähnchen ankleben.

3 Die Bude nun mit Plaka- oder Dispersionsfarbe weiß grundieren und mit Deckfarben bemalen.

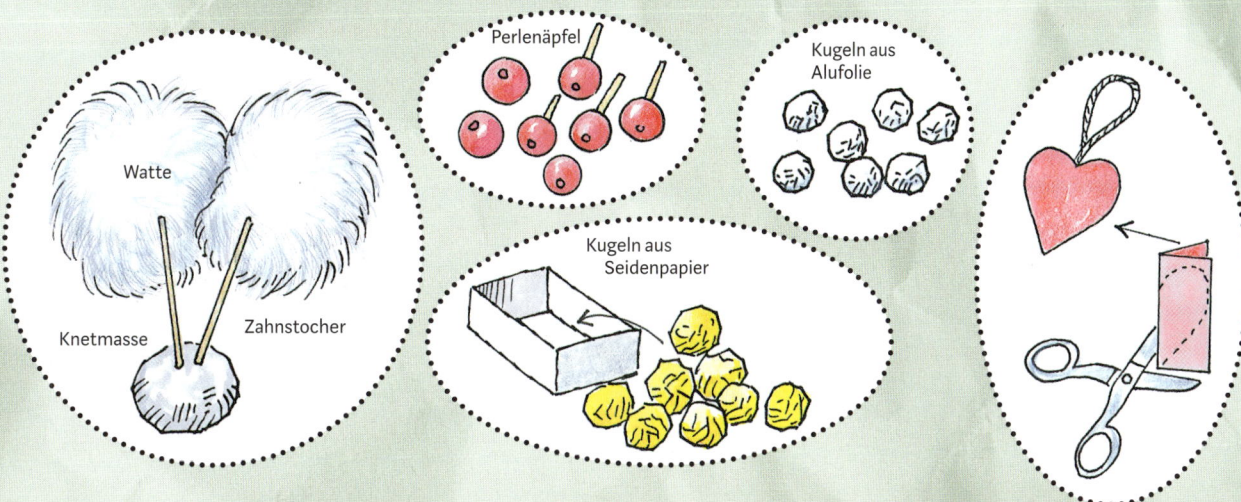

4 Aus Seidenpapier und Perlen werden Süßigkeiten gebastelt. Für die Zuckerwatte einfach Watte auf einen Zahnstocher kleben und diesen in Knetmasse stecken. Die Bonbons sind Kugeln aus Seidenpapier in einer Streichholzschachtel. Die kandierten Äpfel sind auf kleine Stäbchen gesteckte Perlen. Lebkuchenherzen werden aus Buntpapier ausgeschnitten.

5 Für die Schießbude werden die Blumen aus Seidenpapier gedreht oder aus Buntpapier ausgeschnitten. Dann werden sie auf Papierrollen gesteckt.

Der bunte Hund

MATERIAL

HUND

- Wellpappe
- Packband
- Zeitungspapier
- Kleister
- Schere
- Dispersionsfarbe

Vor dem Obstladen trifft der bunte Hund einen schwarzen. Die Freude ist groß, denn sie kennen sich. Trotz des unterschiedlichen Aussehens sind beide von der gleichen Abstammung: nämlich Wellpappe und Kleisterpapier.

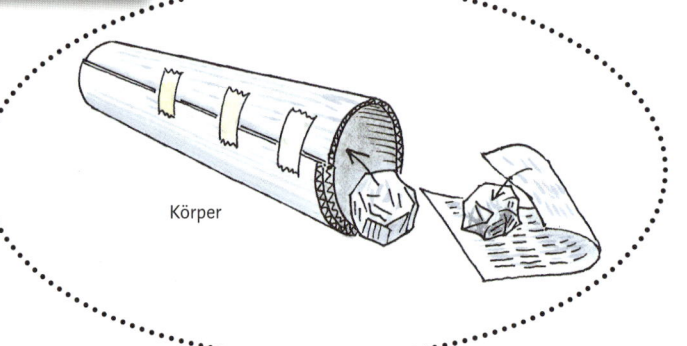

Körper

1 Aus Wellpappe werden hohle Röhren für den Körper, den Kopf und die Beine gerollt und mit Packband zusammengeklebt. Den Rumpf anschließend mit geknülltem Zeitungspapier füllen.

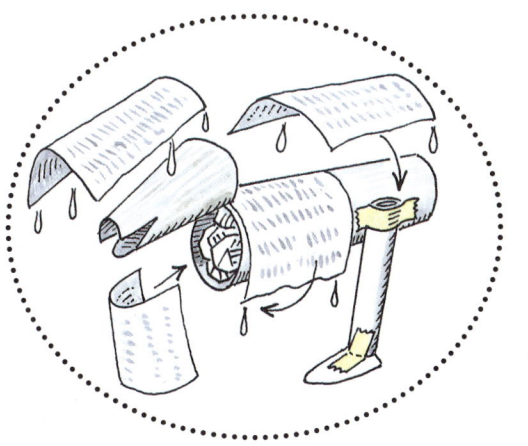

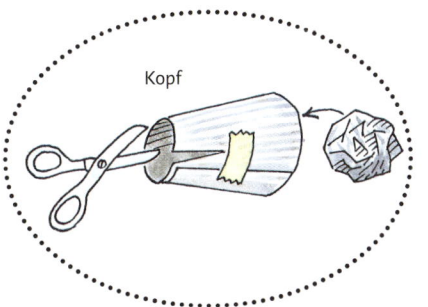

2 Einzelne Zeitungspapierstreifen werden mit Kleister bestrichen. Damit werden Kopf und Schwanz an den Körper geklebt. Beine vorher mit Packband an den Rumpf kleben. Für den Schwanz einen Papierstreifen einkleistern und spiralig verdrehen.

3 Die Übergänge mit größeren Kleisterpapierstückchen kaschieren. Den seidigen Glanz des Hundefells erzielt man durch die Bemalung mit Dispersionsfarbe.

Kuh

1 Kopf, Hörner, Euter und Schwanz der Kuh werden aus Kleisterpapier geformt. Als Körper dient eine große Papröhre, die mit geknüllter Zeitung verschlossen wird.

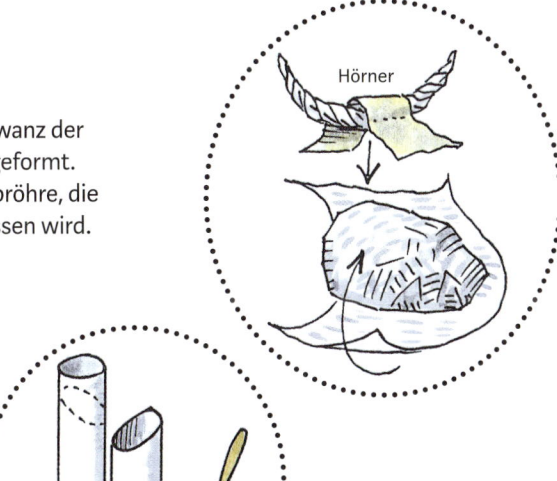

2 Vier dünne Papröhren bilden die Beine. Sie werden oben abgeschrägt und dann mit Kleisterpapierstreifen an den Körper geklebt.

3 Kopf, Hörner und die anderen Teile werden mit Kleisterpapier am Röhrenkörper befestigt. Zum Schluss wird die Kuh mit Dispersionsfarbe bemalt.

MATERIAL

KUH

- 1 große Papröhre
- 4 dünne Papröhren
- Zeitungspapier
- Kleister
- Dispersionsfarbe

11 Wenn der Frühling kommt

[437 07 | D | EAN 40 084 29 15580 2 | 704 5

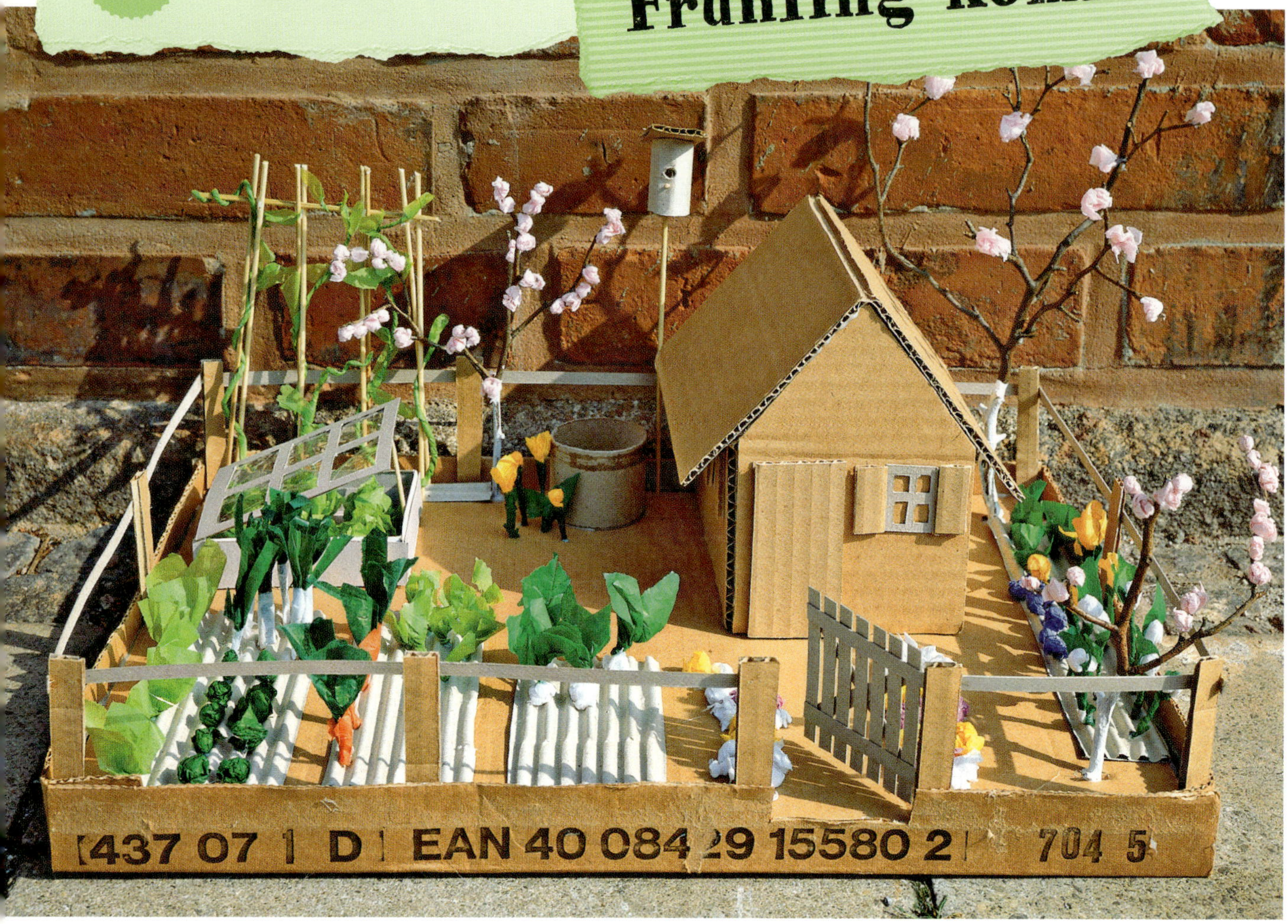

MATERIAL

SCHREBERGARTEN

- Schachteldeckel
- Karton
- Wellpappe
- dünne Graupappe
- Papprolle
- Seidenpapier
- kleine Zweige
- Schaschlikspieße
- Styroporplatte
- Papiermesser
- Schere
- Nagel (oder Vorstecher)
- Kleber
- Zahnstocher

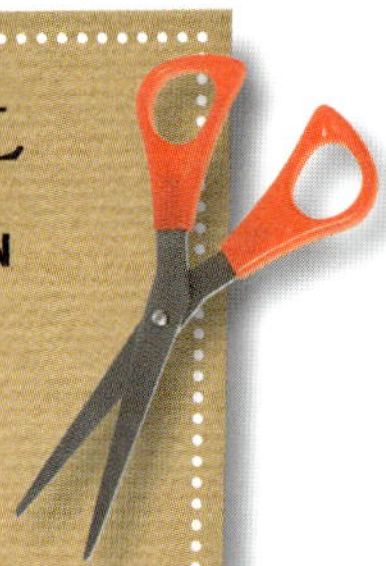

Dann beginnt es auf der Bank vor dem Haus und im kleinen Schrebergarten zu sprießen und zu blühen. Aus dünnem Seidenpapier werden die kleinen Blüten gedreht oder geknüllt. Der hübsche Garten wird in einem Kartondeckel angelegt mit Beeten aus Wellpappe, einer Papprröhre als Regentonne und einem Frühbeet aus einer kleinen Schachtel.

Die Blumenrabatte werden mit kugeligen Blüten gefüllt, die an langen, gewundenen Stängeln wachsen. Um die Bohnenstangen schlingen sich Ranken aus gedrehten Seidenpapierstreifen, von kleinen Blätterfetzchen umwunden.

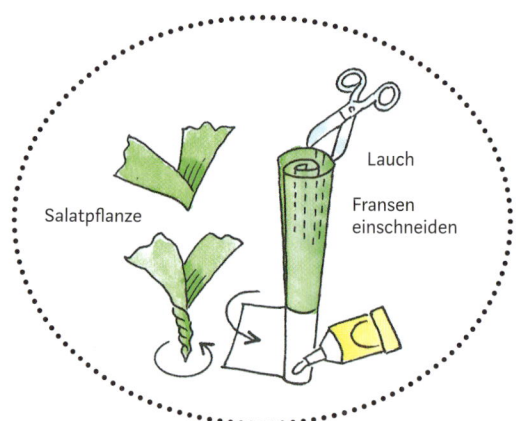

Salatpflanze
Lauch
Fransen einschneiden

Schrebergarten

1 Eine zweite Pappe in der Größe des Kartondeckels zuschneiden und auf eine etwa 1 cm dicke Styroporplatte kleben. Styropor und Pappe in den Deckel setzen.

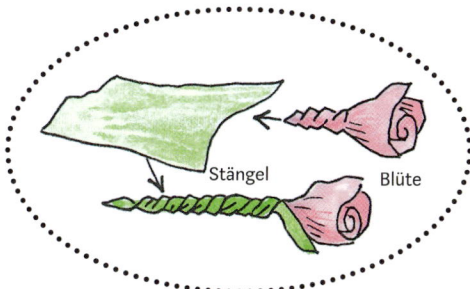

2 In den Untergrund Bäume, Sträucher und Bohnenstangen stecken. Die Löcher dafür mit einem Nagel (oder Vorstecher) einstechen.

3 Die Blumenrabatten mit kugeligen oder gedrehten Blüten aus Seidenpapier mit gewundenen Stängeln füllen.

4 Junge Salatpflanzen und zweifarbige Möhren drehen. Lauchstangen rollen und einschneiden.

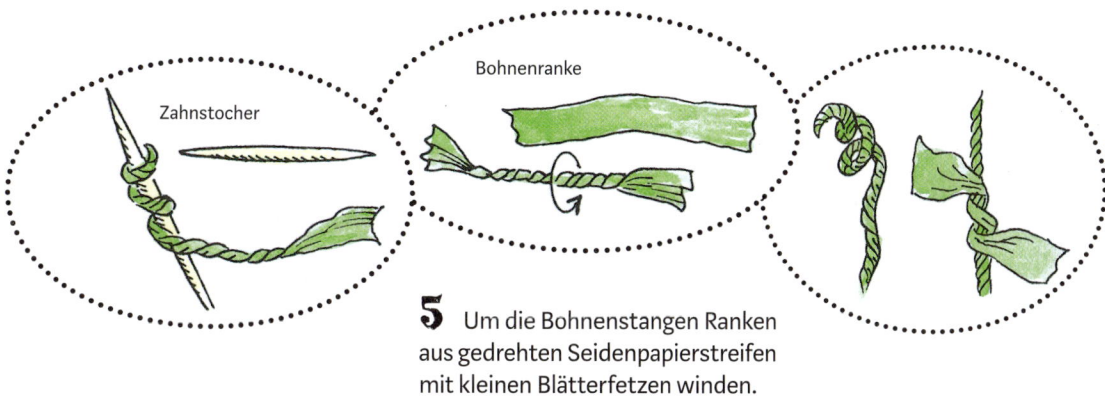

5 Um die Bohnenstangen Ranken aus gedrehten Seidenpapierstreifen mit kleinen Blätterfetzen winden.

Haus

1 Aus Karton ein Rechteck für das Dach zuschneiden, in der Mitte falzen.

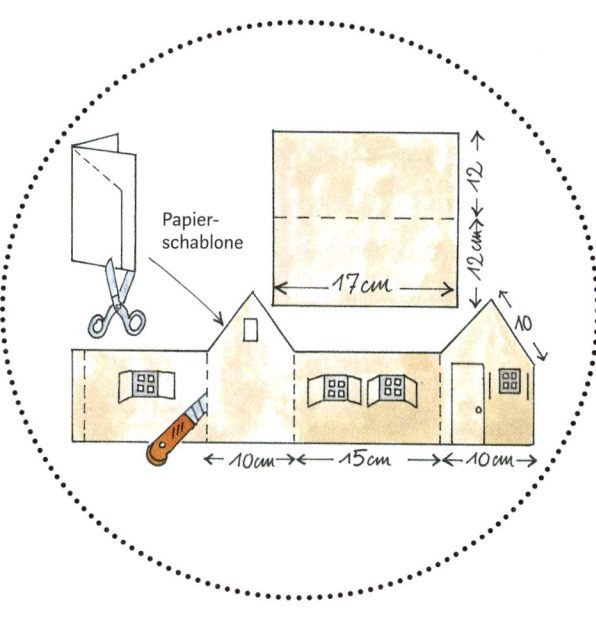

2 Das Haus mithilfe einer Papierschablone auf Karton aufzeichnen, ausschneiden und zusammenkleben. Wenn man die Bruchlinien der Hausecken etwas anritzt, kann man sie besser umknicken.

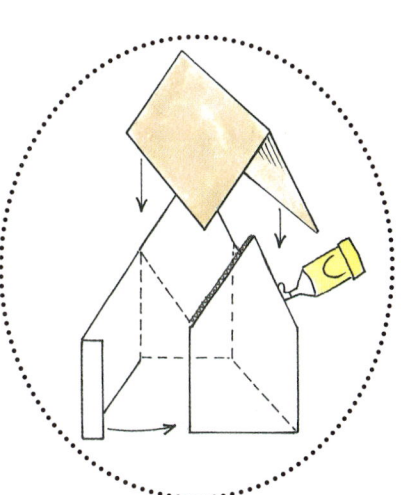

3 Hauskanten mit Kleber bestreichen und dann das Dach überstehend aufkleben.

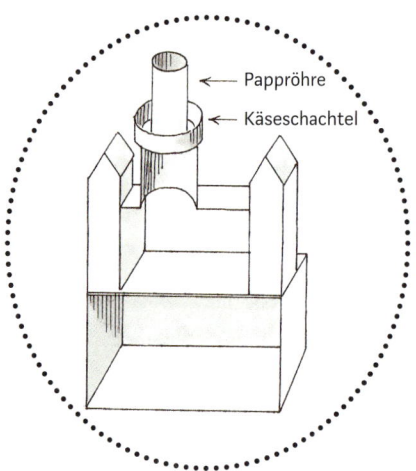
Pappröhre
Käseschachtel

MATERIAL

STADT

- Pappkartons
- Pappröhren
- Schachteln
- alte Tennisbälle
- Metallfolie
- Dispersionsfarbe
- Drachenpapier
- Kleber, Schere
- Glühbirnchen
- 4,5-V-Batterien
- Cutter

Im letzten Licht des Tages glänzen die Kuppeln und Fähnchen der Stadt am Hang. Und wenn die Nacht sich niedersenkt, fällt bunter Schein aus den Fenstern. Dann werden sich die Palastbewohner auf weichen Kissen an leise plätschernden Brunnen niederlassen und den Märchenerzählern lauschen.

1 Pappkartons und Schachteln aller Größen und Formen aufeinander- und nebeneinanderkleben. Türme aus Pappröhren mit Kuppeln aus metallfolienbezogenen Tennisbällen machen daraus eine orientalische Märchenstadt.

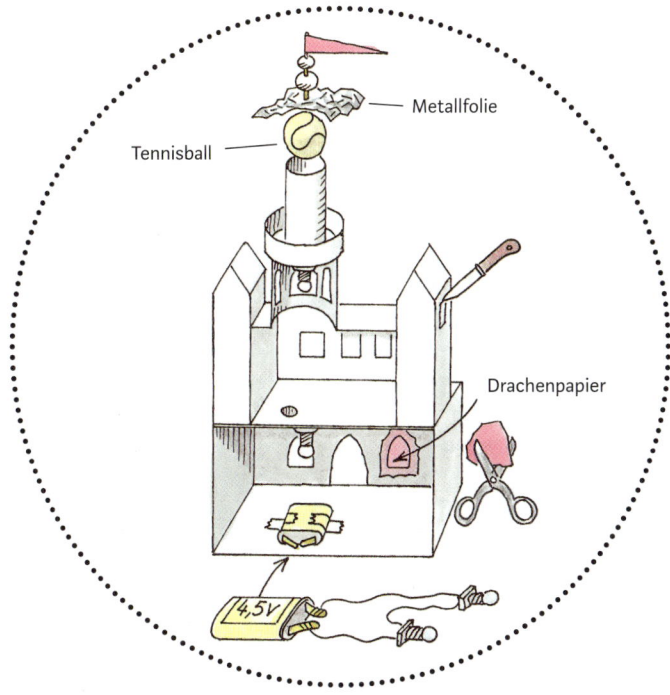

Tennisball

Metallfolie

Drachenpapier

2 Die ausgeschnittenen Fenster mit buntem Drachenpapier hinterkleben und von innen beleuchten mit kleinen Birnchen, die an 4,5-V-Batterien angeschlossen sind.

Schloss

Die Gäste des Sommerfestes treffen sich zum „Ball im Schloss". Der geschickteste Werfer kann die Hand einer Prinzessin gewinnen! Denn hinter dem prächtigen Bauwerk verbirgt sich ein Geschicklichkeitsspiel. Man muss einen Ball so durch das offene Dach werfen, dass er seinen Weg durch das Labyrinth im Inneren des Gebäudes findet und aus dem Schlosstor schließlich wieder herausrollt und nicht im Verlies verschwindet.

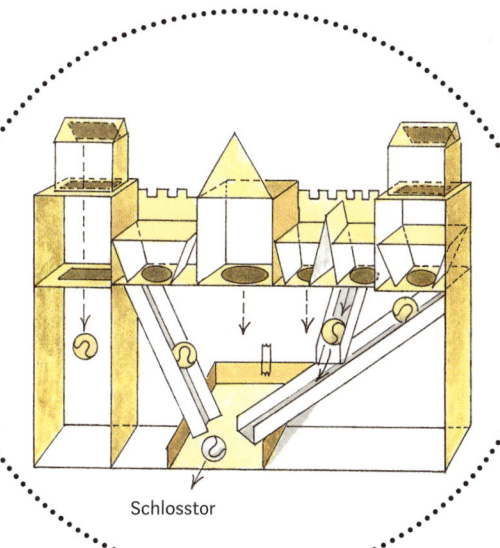

Schlosstor

1 Die Rollschienen aus Karton werden an den Seiten geknickt und innen an den Kartonwänden des großen Schlossbaus befestigt.

MATERIAL

SCHLOSS

- große und kleine Pappkartons
- Dispersionsfarbe
- Papiermesser
- langes Lineal
- Doppelklebeband
- Bälle

2 Die Türme sind oben offen. Ein Trichter aus Karton fängt die Bälle auf und leitet sie entweder zum Ausgangstor oder ins tiefe Verlies.

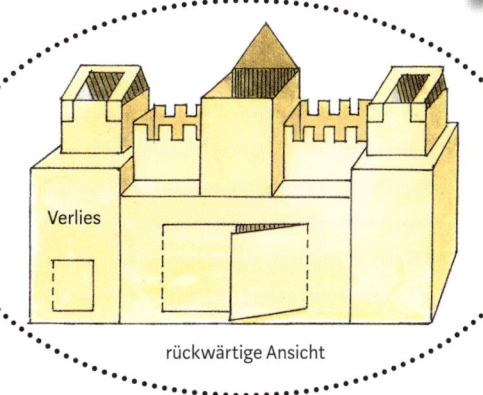

Verlies

rückwärtige Ansicht

Auf den Straßen
ist was los!

MATERIAL

AUTO

- Karton
- Dispersionsfarbe
- Blumenstab
- Reißnägel
- Schnur
- Rundholz
- Kleber

Auf drei Spuren liefern sich Kartonautos ein Rennen. Sie sind dazu besonders präpariert: Durch die Motorhaube wird eine Schnur von der Länge der Rennstrecke geknüpft. Das andere Ende wird um ein Rundholz geknotet. Wenn sich die Fahne des Rennleiters senkt, wird in Windeseile die Schnur auf das Hölzchen gewickelt. Der Sieger bekommt den „Pokal" – einen Becher Eiscreme!

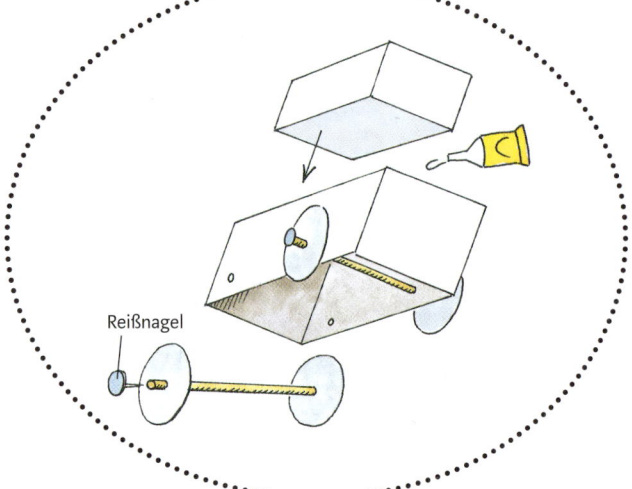

Reißnagel

1 Für den Autoaufbau zwei verschieden große Schächtelchen aufeinanderkleben. Man kann die Schachteln in der gewünschten Größe auch selber zuschneiden und zusammenkleben.

2 Zwei Blumenstäbe durch die Karosserie stecken und jeweils auf die Enden Räder aus Karton spießen. Reißnägel, in die Achsstangen gedrückt, verhindern, dass die Räder abfallen.

Abschleppwagen

Auf den Autobahnen herrscht dichtes Gedränge, auf genügend Sicherheitsabstand wird nicht mehr geachtet – und schon kracht es! Der Abschleppwagen ist pausenlos im Einsatz.

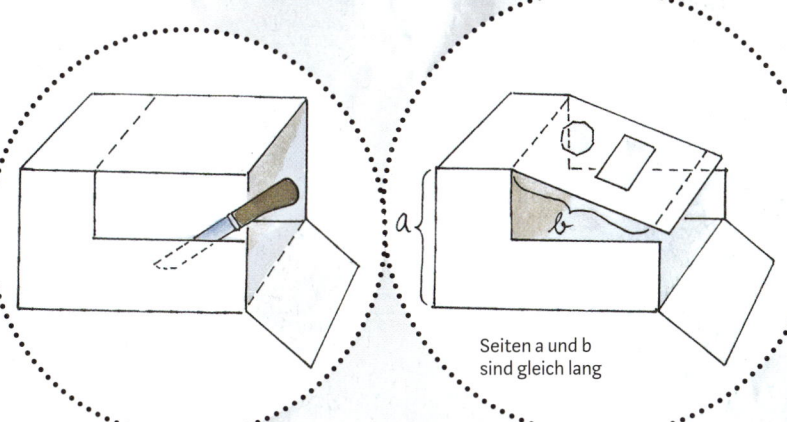

Seiten a und b
sind gleich lang

1 Der Abschleppwagen wird aus mehreren Schachteln und Kartons geschnitten und zusammengeklebt: Zuerst ein Rechteck aus der Seitenwand schneiden und dann das Fenster und darüber ein Loch ausschneiden.

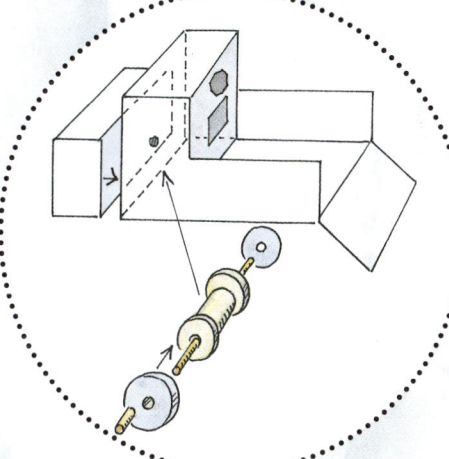

2 Die Garnspule für das Seil des Abschleppkrans befindet sich im Führerhaus. Sie wird auf einen Blumenstab gespießt, eingesetzt und außen mit der Kurbelscheibe befestigt.

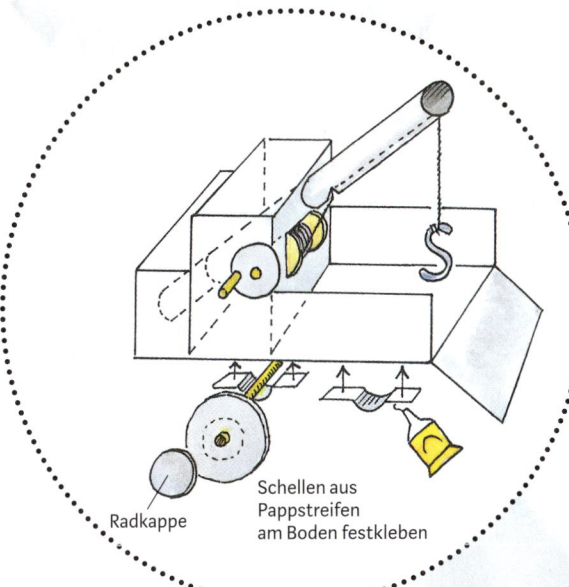

Radkappe

Schellen aus
Pappstreifen
am Boden festkleben

3 Schräg über die Spule bis in den Motorraum wird die lange Pappröhre des Hebearms gesteckt. Durch eine eingeschnittene Öffnung direkt über der Rolle wird die Schnur in die Röhre geschoben, an der oberen Öffnung der Röhre herausgeführt und ein Abschlepphaken darangeknüpft.

Hier wohnt Familie Maus

MATERIAL

- Karton
- Kartonstücke
- kleine Schachteln
- Graupappe
- Buntpapier
- Cutter
- Lineal
- Schere
- Deckfarben
- Dispersionsfarbe
- Filzstifte
- Kleber
- Korkstücke
- Stecknadel

Für das Haus der Familie Maus braucht man nur einen Pappkarton. Je nach Größe kann es ein, zwei oder mehrere Stockwerke bekommen. Darin können ein Wohnzimmer, ein Schlafzimmer, ein Bad, eine Küche oder ein Kinderzimmer eingerichtet werden – je nach Mäuselust und Mäuselaune.

Möbel

Die Möbel werden ausschließlich aus Schachteln gebaut. Wie Bank, Tisch und Schrank entstehen, zeigen die folgenden Zeichnungen:

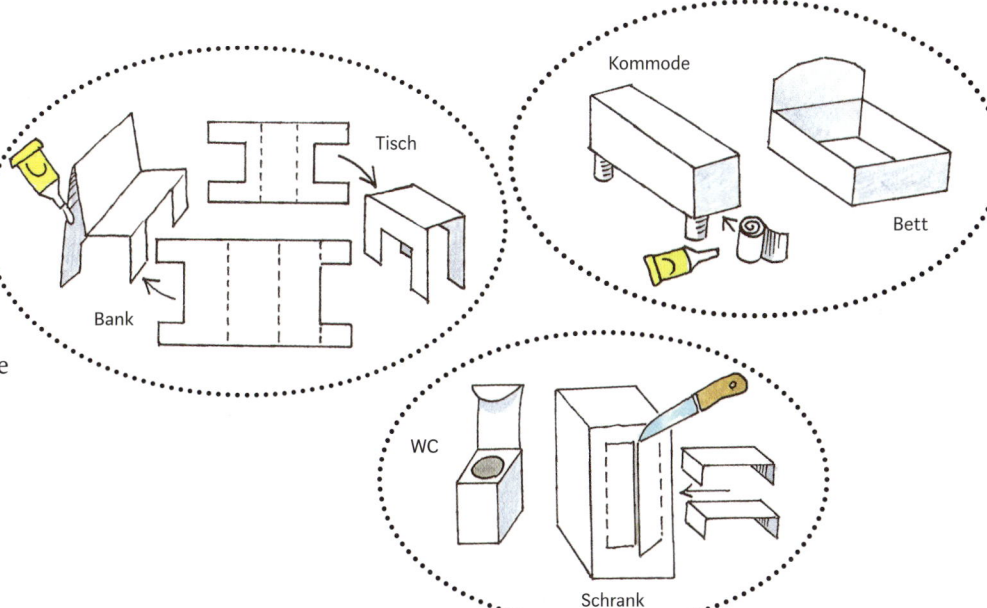

Familie Maus unterwegs

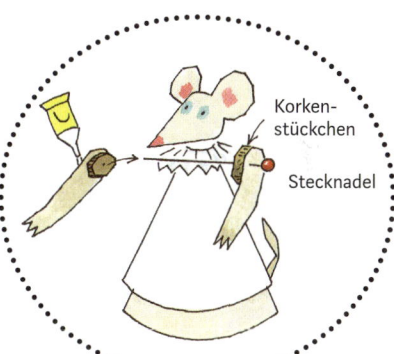

1 Für den Körper der Maus ein Kreissegment aus Graupappe schneiden und zur Spitztüte kleben. Ein kleineres Segment als Kopf zuschneiden und zusammenkleben. Die Kleider werden aus farbigem Buntpapier und Zeichenkarton zugeschnitten.

2 An den Innenseiten der Arme werden kleine Korkstückchen angebracht. So kann man die Arme gut mit einer Stecknadel am Körper befestigen.

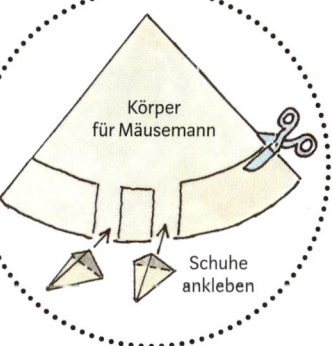

3 Für den Körper des Mäusemannes wird ebenfalls ein Teil eines ausgeschnittenen Kreises verwendet. Der Körper und die Beine werden aufgezeichnet und ausgeschnitten. Zum Schluss klebt man noch die gefalteten Schuhe an.

Kommt ein
Vogel geflogen

MATERIAL

VOGEL

- Graupappe
- Musterklammern
- Vorstecher
- Schnur
- Deckfarben
- Schere

Der große dunkle Vogel mit der gefleckten hellen Brust und dem leuchtend gelben Schnabel ist zwar ein „Zugvogel", doch er bleibt da und fliegt nicht fort. Er ist aus Pappe ausgeschnitten und mit Deckfarben bemalt.

1 Einen Vogelkörper und zwei Flügel ausschneiden und auf einer Seite mit Deckfarbe gestalten. Die Rückseite bleibt unbehandelt.

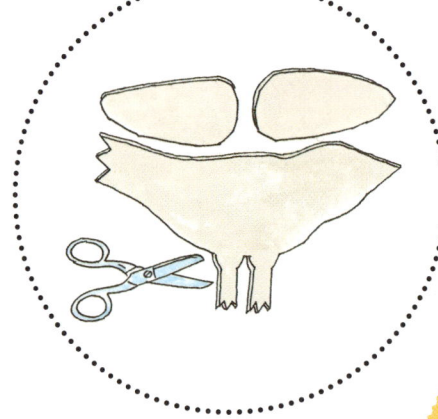

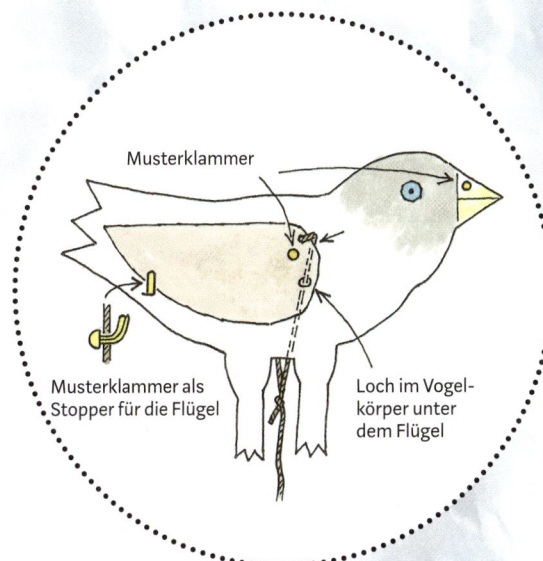

Musterklammer

Musterklammer als
Stopper für die Flügel

Loch im Vogel-
körper unter
dem Flügel

2 Nach dem Trocknen mit dem Vorstecher in den Vogelkörper und vorn am Flügel ein Loch bohren und die Flügel mit
Musterklammern locker befestigen. Damit der Flügel nicht
herunterklappt, wird von der Rückseite eine Musterklammer
durch die Pappe gebohrt und das Ende nach oben gebogen.

3 Zum Bewegen der Flügel an
deren rundem Ende eine Schnur
befestigen, durch ein Loch im
Flügel und im Körper führen und
unter den Beinen mit der Schnur
von der Rückseite verknüpfen.

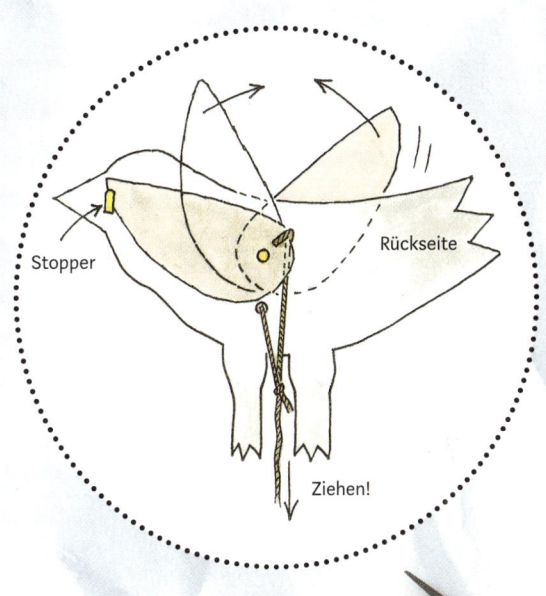

Stopper

Rückseite

Ziehen!

Stadtmusikanten

Die Bremer Stadtmusikanten schauen neugierig in das verfallene
Haus, aus dem sie die Räuber grölen hören. Wenn noch der Hund
dazukommt, werden sie mit ihrem fürchterlichsten Geschrei die
wilden Kerle vertreiben!

MATERIAL

STADTMUSIKANTEN

- Graupappe
- Ölkreiden
- Gummiband
- Schere

1 Aus Graupappe die Umrisse der Köpfe von
Esel, Hund, Katze und Hahn ausschneiden.
Mit farbiger Ölkreide die charakteristischen
Gesichter aufmalen. Die Katze kann aus
dünn zugeschnittener Pappe einen langen
Schnurrbart bekommen.

2 Damit die Figuren als Handpup-
pen benutzt werden können, auf der
Rückseite in Handbreite je zwei Löcher
bohren, ein Gummiband durchziehen
und verknoten.

Der Zirkus ist da!

Hereinspaziert, hereinspaziert! Sie sehen hier die schöne Arlette in schwindelnder Höhe, die möglichen Wunder des Magiers Arturo Schnickschnack und Vulcano, den mutigen Feuerfresser.

MATERIAL
- Graupappe
- Musterklammern
- Vorstecher
- Schnur
- Deckfarben

1 Die Körper und Glieder der Hampelpuppen werden einzeln auf Pappe gezeichnet, ausgeschnitten und bemalt. Nach dem Trocknen an den markierten Stellen mit dem Vorstecher Löcher stechen. Die Zeichnungen zeigen, an welcher Position wie oft eingestochen werden muss.

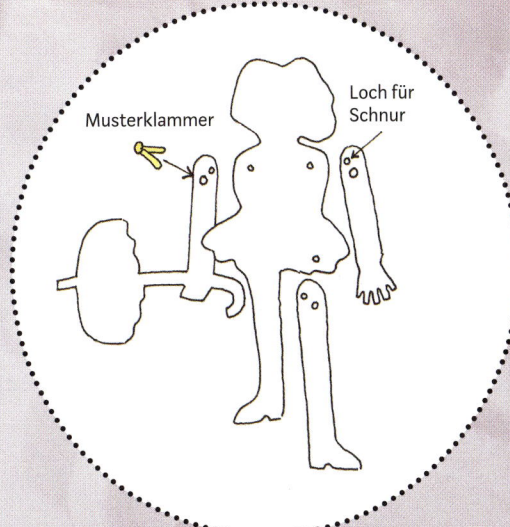

2 Mit Musterklammern werden die beweglichen Teile am Körper befestigt. Durch die anderen Löcher Schnüre ziehen und anknüpfen. Die locker fallenden Schnurenden zusammenfassen und straff ziehen. Dabei richten sich die beweglichen Teile auf. Ist die gewünschte Stellung erreicht, werden die Schnüre verknotet.

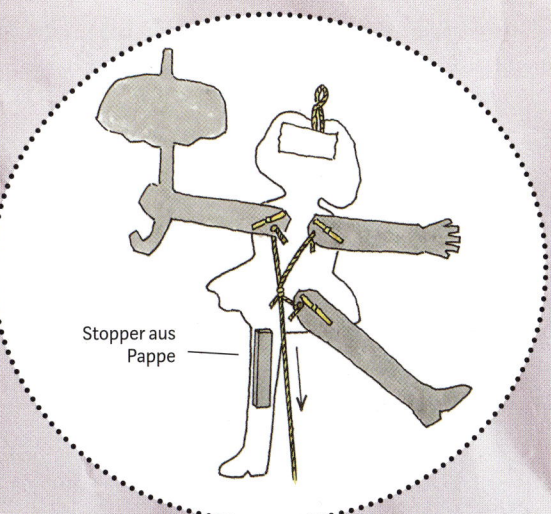

3 Stopper aus Pappe verhindern ein zu weites Ausschlagen der beweglichen Teile, wenn nach dem Straffziehen die Schnur wieder locker gelassen wird. Zum Aufhängen werden am Kopf der Figuren Schlaufen befestigt.

4 Der Arm des Zauberers, der das Kaninchen aus dem Hut zieht, ist mit einer Musterklammer beweglich am Körper befestigt.

5 Der Kopf des Feuerschluckers ist mit einer Musterklammer beweglich am Körper befestigt und durch die Schnur mit dem ebenfalls beweglichen Feuerarm verbunden.

Prinzessin auf der Ente

MATERIAL

ENTE

- Wachspapier
- Flaschenkorken
- Stein, Schnur
- wasserfeste Filzstifte

Sie kehrt von einer rauschenden Ballnacht zurück und lässt sich gern von ihrem Wasservogel nach Hause bringen zu ihrem fürstlichen Schlafgemach mit Eiderdaunenbett.

Ente

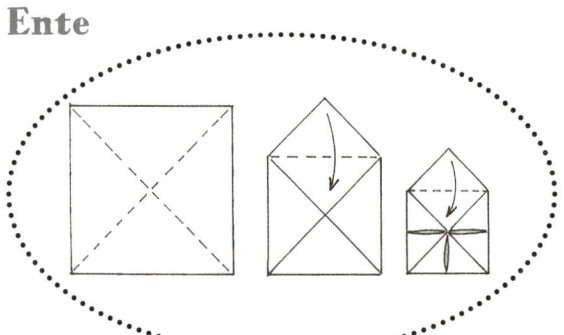

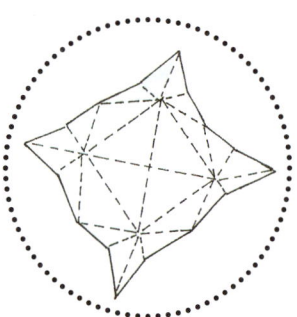

1 In ein Quadrat ein Diagonalkreuz falzen. Dann die Ecken zur Mitte falten, die Arbeit wenden und die Ecken noch einmal zur Mitte falten.

2 Anschließend das Papier ganz öffnen und das mittlere Faltquadrat wie ein Tischtuch hochstellen.

3 Nun eine Ecke zur Mitte falten und die Ecken A + B in Richtung Mitte zusammenschieben.

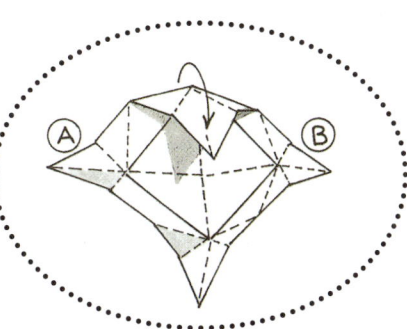

TIPP
Die Ente wird aus wasserfestem Papier gefaltet. Dieses Papier ist ein Abfallprodukt, nämlich die untere Schicht von Klebefolien.

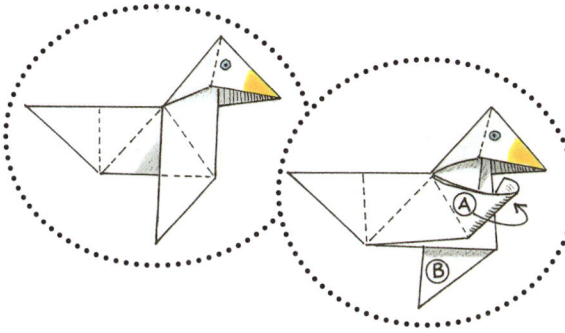

4 Der Entenkörper wird erkennbar, wenn man den Kopf flach drückt und die Zipfel A + B vorne in die Brust schiebt.

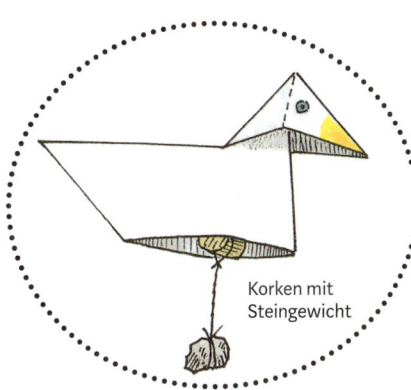

Korken mit Steingewicht

5 Damit die Ente auf dem Wasser mit ihrem Fahrgast nicht umkippt, klebt man in die Unterseite einen Korken. An diesem wird mit einer Schnur ein Stein als Stabilisator befestigt.

Puppe

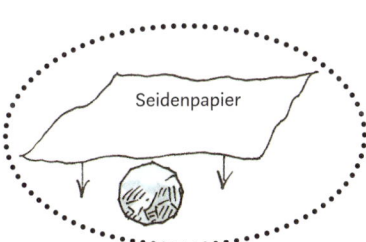

Seidenpapier

1 Der kleine Puppenkopf wird aus Seidenpapier geknüllt.

2 Diesen in einen großen Bogen Seidenpapier einschlagen, verwinden und das Papier in Körperform drücken.

MATERIAL

PUPPE
- Seidenpapier
- Bindfaden
- Metallfolienpapier
- Kleber
- Schere

3 Aus Seidenpapier eine Rolle formen und diese als Arme mit Bindfaden über Kreuz am Körper befestigen.

4 Das Kostüm wird aus Geschenkpapierresten geschnitten und festgeklebt. Ein Foliengürtel in der Taille hält alles zusammen. Der Kopf wird mit einem Schleier aus Seidenpapier und einem Goldkrönchen geschmückt.

Blumenzauber

MATERIAL

- Zeichenpapier
- Deckfarben oder Ölkreiden
- Rundholz
- Reißnagel
- weiße Kerzenreste
- Schere
- Kleber

Die Blütenpracht dieser Blumen ist unvergänglich, denn Wachs verhindert ihr Verwelken. Die Tulpen erhalten ihre Leuchtkraft durch Ölkreiden, bei den Fantasieblumen werden auf Ober- und Unterseite mit Wasserfarben bunte Kreise aufgemalt.

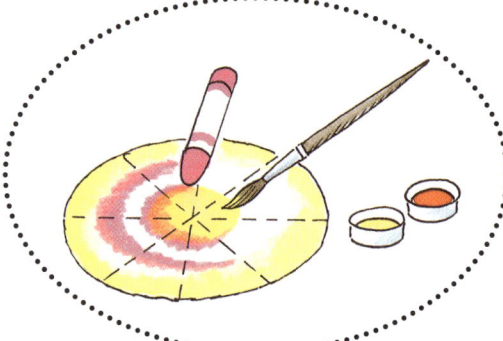

1 Aus Zeichenpapier einen Kreis ausschneiden und mit Wasserfarben oder verschiedenfarbigen Ölkreiden anmalen.

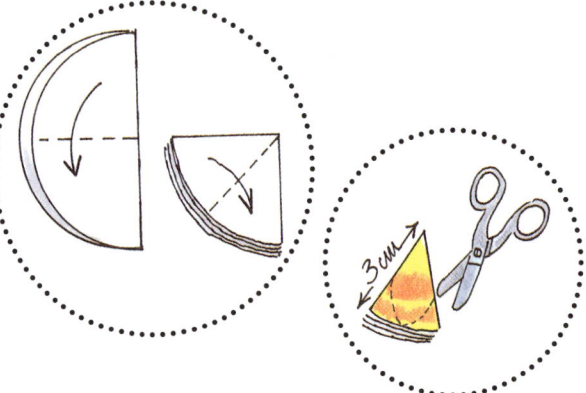

2 Für die Fantasieblume wird die Scheibe dreimal gefaltet und die Blütenblattform ausgeschnitten.

3 Faltet man die Scheibe wieder auseinander, kommen 8 Blüten-blätter zum Vorschein.

 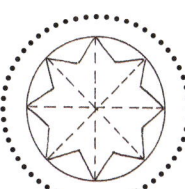

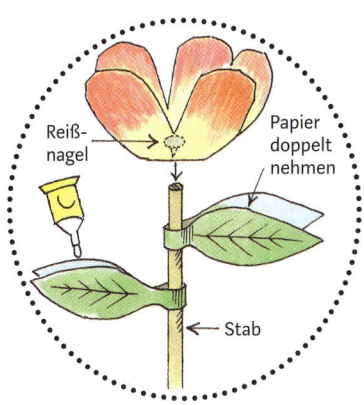

Reiß-nagel

Papier doppelt nehmen

Stab

4 Die Tulpe hat weniger, aber breitere Blätter. Hierfür den Kreis nur zweimal zusammenlegen und 1,5 Blätter ausschneiden. Dabei nicht zu weit in die Mitte schneiden, sonst reißen die Blätter ab.

5 Die aufgeklappte Blüte mit einem Reißna-gel auf einem grün bemalten Rundholz (Stängel) befestigen. Aus doppelt gelegtem Papier eine Blattform ausschneiden, um den Stiel legen und die Blätter mit Kleber zusammenfügen.

weiße Kerzenreste

Konservendose im Wasserbad

6 Kerzenreste in eine alte Konservendose füllen und im Wasserbad auf dem Herd bei Stufe 1 schmelzen. Wenn das Wachs an einem Papierstreifen nicht mehr in dicken Tropfen hängen bleibt, kann man beginnen.

7 Blumen und die Blätter werden kopfüber in das flüssige Wachs getaucht. Beim Herausnehmen so lange über den Topf halten, bis die Blätter steif sind. Bei den Blättern die Stelle, an der sie an den Stängel geklebt werden, wachsfrei lassen.

Sand, Steine oder Styropor

8 Die Blumen in eine Vase stellen oder in einen mit Sand, Steinen oder Styropor gefüllten Blumentopf stecken.

Wasserspielzeug für Strandtage

MATERIAL

DAMPFER

- Milch- oder Safttüten
- Sand
- deckende Farbe
- Klarlack oder Buntlack

Leere Milch- und Safttüten sind das Baumaterial für Wasserspielsachen. Man kann aus ihnen die Wasserrinnen für eine Mühle oder einen Aquädukt bauen. Mit Lackfarbe verwandeln sie sich in Schiffe, Hausboote und Hafenstädte oder glänzen, mit Folie kaschiert, als Wasserschloss im Teich.

Dampfer

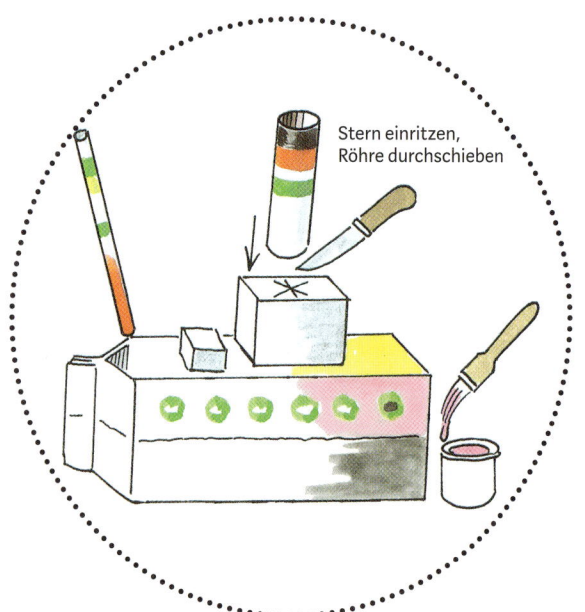

Stern einritzen, Röhre durchschieben

1 Leere Milch- oder Safttüte gut ausspülen, mit etwas Sand als Balast füllen und zukleben.

2 Aufbauten aus kleinen Schachteln, Papprollen als Schornstein und Fahnenstangen gut festkleben. Mit Plaka-, Dispersions- oder Deckfarben bemalen und nach dem Trocknen mit Klarlack überziehen.

TIPP

Vor jedem Wassergang werden die Schiffe etwas geschüttelt, damit sich der Sand im Laderaum gleichmäßig am Boden verteilt, denn der Dampfer soll keine Schlagseite bekommen.

Wasserschloss

Große Festbeleuchtung im Wasserschloss: Die Schilfelfen laden ein zum Froschkonzert und anschließendem Tanz auf dem See.

1 Die Milchtüten mit Wasser sorgfältig ausspülen und die Kappen abschneiden. Nun werden die verschiedenen Giebel und Fenster aufgezeichnet und ausgeschnitten.

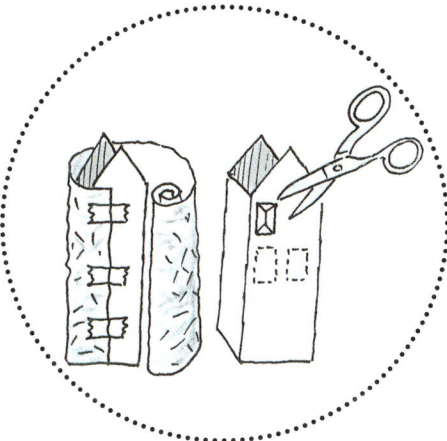

2 In jedes Haus wird hinten eine Klappe für das Teelicht geschnitten. Ein Turm wird verlängert, indem eine zweite Milchtüte in den offenen Giebel gesteckt und mit Klebefilm befestigt wird.

3 Nun die Tüten mit Alufolie beziehen. Die Folie in den Fenstern einschneiden und nach innen drücken.

TIPP

Bei geschlossenem Giebel braucht man auf jeden Fall eine Öffnung für den Rauchabzug.

4 Zuletzt werden die Häuser und Türme zusammengeklebt und auf ein Floß aus bezogenen Milchtüten gesetzt.

MATERIAL

- Illustriertenpapier
- Zahnstocher
- Wattebälle

Es war einmal ein Segelschiffchen, das war zwar noch nie auf hoher See, aber seine Jungfernfahrt im Brunnen im Park hat es schon bestanden.

Jacke

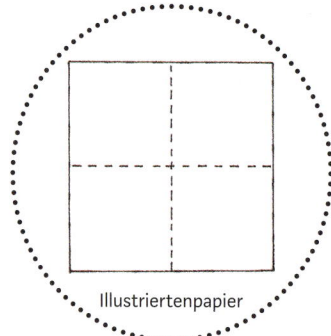

Illustriertenpapier

1 Quadrat zweimal in der Mitte falten, sodass ein Mittelkreuz entsteht.

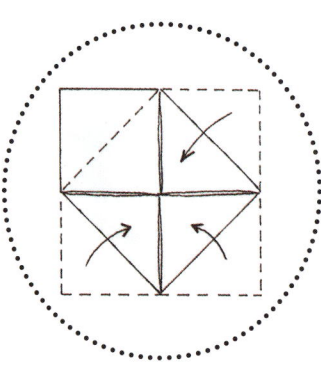

2 Alle Ecken zur Mitte falten.

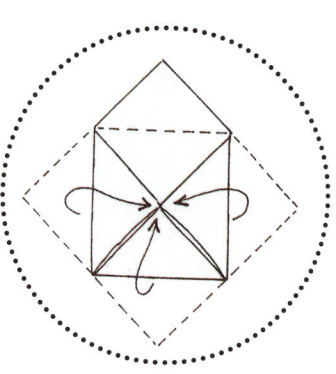

3 Das Papier wenden und wieder alle Ecken zur Mitte falten.

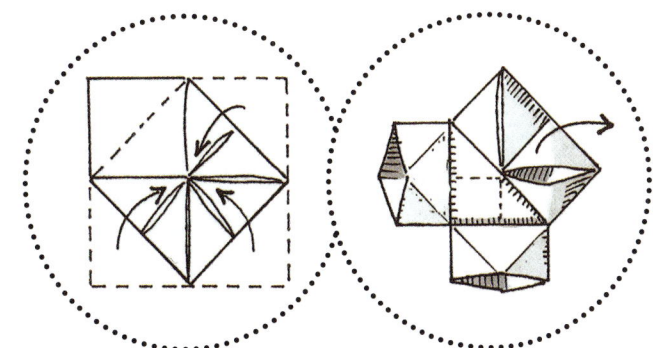

4 Noch einmal wenden und die Ecken wiederum zur Mitte falten. Dann drei Ecken auseinanderziehen und glatt streichen.

Schiff

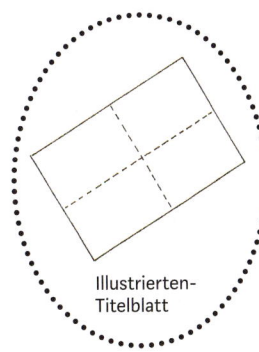

Illustrierten-Titelblatt

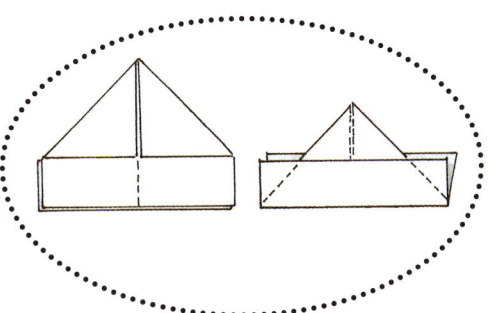

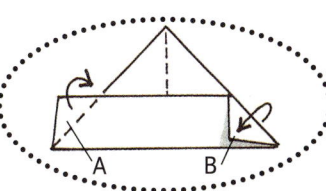

1 Das Mittelkreuz des Rechtecks knicken, dann zur Hälfte falten.

2 Vom oberen Falz aus die Ecken zur Mitte falten. Auf beiden Seiten den entstandenen Rand nach oben schlagen.

3 Die Ecken nach vorn und hinten knicken und fest anstreichen. Den so entstandenen Helm öffnen, die Ecken A und B aufeinanderlegen.

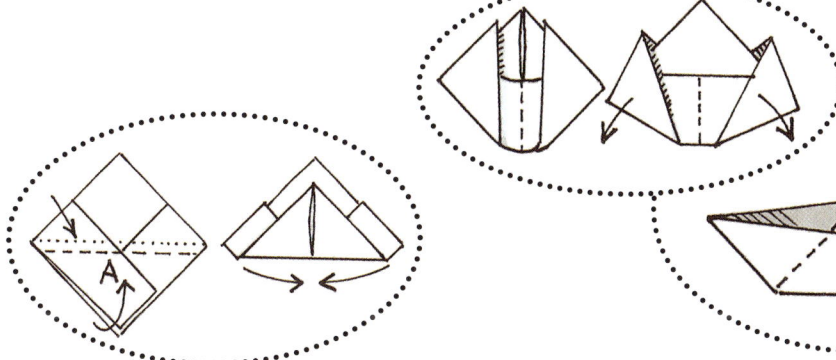

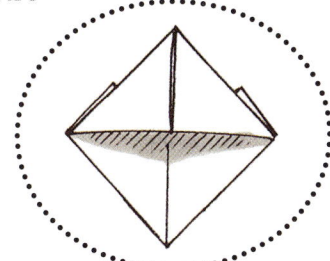

4 Nun die Ecken A und B etwas unterhalb der Mitte nach oben falten. Das Ganze zusammendrücken.

5 Die Ecken vorsichtig auseinanderziehen. Das Schiff ist fertig!

Seemannshut

Watteball

1 Illustriertenpapier im Format 7,5 × 5 cm wie für das Schiff (Nr. 5) falten, aber nun die Ecke A genau in der Mitte hochfalten.

2 Den Hut auf einen Watteball setzen, diesen auf einen Zahnstocher spießen und in die Jacke stecken.

Gans, wo brennt's?

MATERIAL

GANS, ZÖPFE
- Krepppapier
- Schere

Sie muss sich beeilen, denn gleich beginnt das Kinderfest! Bunte Bänder aus Krepppapier sind in den Maschendrahtzaun gewebt und schmücken festlich den Garten. Schon kommen die ersten Gäste. Sie spielen mit den Bändern und flechten sich schöne Kränze als Haarschmuck. Lustig fliegt der Kometball durch die Luft.

Haarschmuck

1 Vom Krepppapier lange Streifen abschneiden. Immer drei der Streifen an einem Ende zusammenfassen und dann daraus einen Zopf flechten.

2 Den Zopf zu einem Kranz formen und die losen Anfangs- und Endstreifen mit einem Knoten zusammenbinden.

Kometball

Wenn man ein Papierknäuel mit Krepppapierstreifen umwickelt und mit einem Stoffstreifen zusammenbindet, erhält man einen lustigen „Kometball".

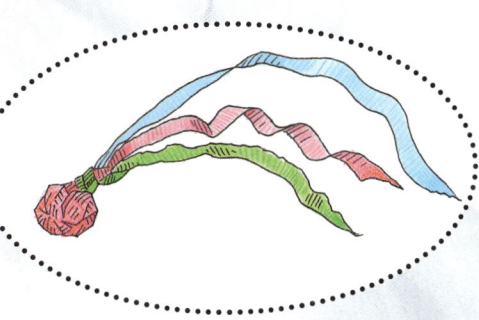

Girlanden

Zwischen den Bäumen im Garten flattern fröhlich Girlanden aus Papprollen und bunten Krepppapierbändern – das Sommerfest kann beginnen!

1 Für die Girlande Papprühren bunt bemalen und diese auf eine lange Schnur ziehen.

MATERIAL

GIRLANDEN

- Papprollen
- Krepppapier
- Schnur
- Dispersionsfarbe

2 Durch jede Rolle bunte Krepppapierstreifen ziehen. Dann die Girlande im Garten aufhängen.

Rosen, Tulpen, Nelken ...

MATERIAL

BLUMENGEBINDE

- Krepppapierstreifen
- Seidenpapier
- Blumendraht
- trockene Gräser und Blätter
- Kleber

... alle Blumen welken – nur die Papierblumen nicht!
Sie können zwar im Laufe der Zeit etwas verblassen, doch ihre Blüten bleiben geöffnet wie am ersten Tag. Sie sind aus Krepp- und Seidenpapier und werden einzeln gekräuselt und mit Blumendraht zusammengewickelt. Das Blumengebinde wird zusätzlich mit trockenen Gräsern und Blättern geschmückt.

1 Bei den lila und weißen Blüten werden die Krepppapierstreifen der Blüten vor dem Kräuseln in mehreren Lagen gefaltet und dann eingeschnitten – entweder mit geraden Schnitten oder mit Bögen, siehe Zeichnung.

2 Die weiße Blüte besteht aus drei Teilen: aus einer kugeligen Mitte (wie Knospe S. 51), aus einem Fransenstreifen und einem Streifen mit runden Blütenblättern. Der untere Teil wird mit Blumendraht und grünem Kreppstreifen umwickelt.

Stockrosen

Die Knospen, Blüten und Blätter der Stockrosen sind um einen Stab gewickelt; ein grüner Krepppapierstreifen hält sie zusätzlich „bei der Stange".

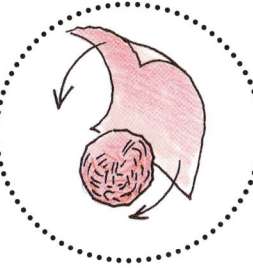

1 Für die Knospe eine geknüllte Krepppapierkugel in ein Rechteck aus Krepppapier einschlagen.

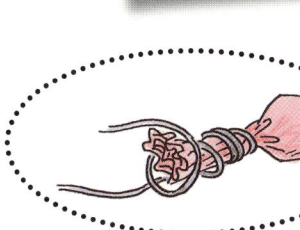

2 Die Enden eng mit Blumendraht umwickeln.

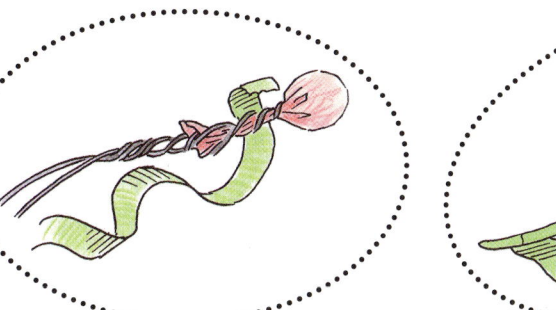

3 Mit einem Krepppapierstreifen umwickeln, den Streifen dabei dehnen.

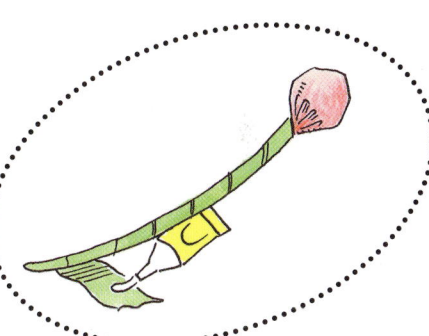

4 Zuletzt das Streifenende festkleben.

Blüte

1 Den Kreppstreifen eng zusammenkrauschen.

2 Das untere Ende mit Blumendraht und grünem Krepppapier umwickeln.

Bei der Stockrose werden Knospen, Blüten und Blätter von oben nach unten mit Blumendraht um einen Stab gewickelt. Mit kleinen, grünen Kugelknospen wird begonnen. Es folgen farbige Knospen und kleine Blüten. Unten sind die Blüten üppig gekraust und voll aufgeblüht.

Löwenzahn, zünde deine Lichter an

Nicht nur draußen auf den Wiesen, sondern auch auf der Fensterscheibe leuchten seine gelben und weißen Blüten.

MATERIAL

LÖWENZAHN

- Seidenpapier
- Klarkleber
- Schere

Dieser Löwenzahn wird aus farbigem Seidenpapier gerissen und geschnitten und mit ein paar Tupfen Klarkleber am Fensterglas befestigt. Problemlos lässt sich der Klebstoff samt dem Seidenpapier später wieder von der Scheibe lösen.

Fensterbilder

Die Vögel und die Wetterhexe werden mit Kleister auf die Fensterscheibe geklebt. Sie lassen sich später problemlos wieder abziehen.

TIPP
Beim Reißen ist auf die Laufrichtung des Papiers zu achten, denn nur in Laufrichtung lassen sich lange Streifen reißen und die Kanten werden gleichmäßig.

Eier

Viele Schnipsel, aus Drachenpapier gerissen, mit Kleister eingepinselt und aufgeklebt, schmücken die bunten Eier zwischen den gelben Nesseln.
Drachenpapier, auch Pergaminpapier genannt, färbt beim Kleben nicht ab (seine Farbe „blutet nicht aus") und behält nach dem Trocknen seine Leuchtkraft.

Höhlenabenteuer

MATERIAL

HÖHLE

- 1 Bogen schwarzes Tonpapier
- 1 Bogen farbiges Tonpapier
- spitze Schere
- Bleistift
- Kleber

Der Höhlenforscher ist in ein Höhlenlabyrinth eingedrungen. Als er sich aufrichtet, fällt der Lichtschein seiner Lampe am Schutzhelm in einen großen Höhlendom mit Tropfsteinen, die von der Decke wachsen. Aus der Dunkelheit tappt etwas auf ihn zu und es kommt zu einer überraschenden, unglaublichen Begegnung: Vor ihm steht ein Saurus-Lupus aus der Familie der Sternenschwänze! Einmalige klimatische Bedingungen haben das urzeitliche Tier hier unten die Stürme oben auf der Erde überdauern lassen. Das Höhlenlabyrinth ist groß. Wer weiß, was in den Nachbarhöhlen sonst noch zu finden ist? Es wäre sicher ein lohnender Stoff für ein Schattentheater.

1 Die Höhle auf schwarzes Tonpapier aufzeichnen.

2 Danach mit einer spitzen Schere alle „Luft" um die Figuren herum und in der Höhle wegschneiden.

3 Den fertigen Scherenschnitt auf ein Untergrundpapier kleben.

MATERIAL

RAUMSCHIFF

- Tonpapier
- Bunt- und Schmuck-papierreste
- Bleistift
- Deckfarben
- Schere
- Kleber

Varianten

Auch spannende Szenen vom Raumschiff „Enterprise" oder aus dem Wilden Westen können in ihren markanten Umrissformen mit Papier und Schere nachgebastelt werden.

MATERIAL

COWBOYS

- Bleistift
- farbiges Tonpapier
- Schere
- Hintergrundpapier
- Kleber

Indianer am Lagerfeuer

MATERIAL

INDIANER

- Packpapier
- Silhouettenschere
- Kleber
- Bleistift
- Nadel, Stichel
- Unterlage

Sie haben Frieden geschlossen und besiegeln ihr Bündnis mit der Friedenspfeife. Das Rauchen des Kalumets, der heiligen Pfeife, war eine wichtige Zeremonie bei den Indianerstämmen der Prärie. Die Pfeifenköpfe wurden aus einem weichen, roten Stein geschnitzt. Das Rohr der Pfeife war verziert und an ihm hingen weiße oder rote Federn: weiße für den Frieden und rote für den Krieg – denn es gab auch Kriegspfeifen.

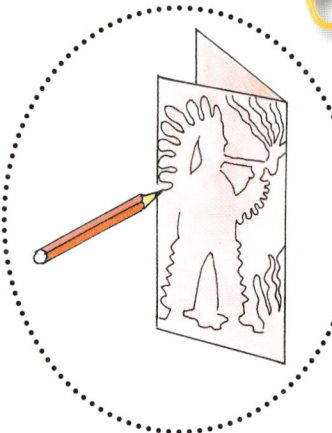

1 Ein Blatt Packpapier in DIN-A4-Größe in der Mitte zusammenfalten und auf eine Hälfte ein Lagerfeuer und einen Indianer zeichnen.

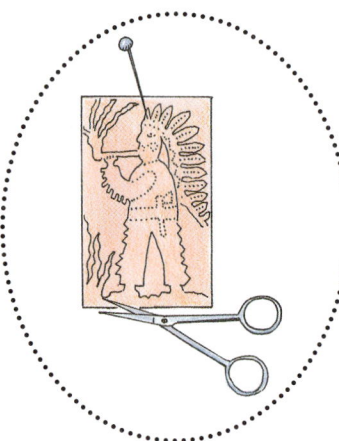

2 An den Konturen ausschneiden. Mit eingestochenen Punktlinien werden Einzelheiten der Figuren hervorgehoben.

3 Faltschnitt aufklappen und auf andersfarbigen Untergrund kleben, zum Beispiel auf blaues, handgeschöpftes Papier.

Deckchen

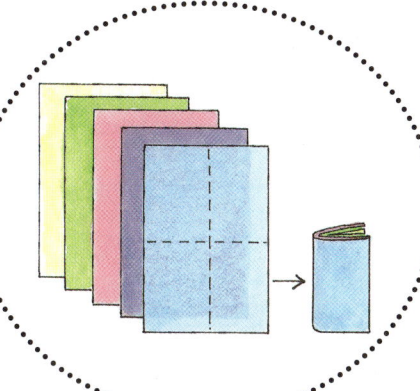

1 Für die Deckchen fünf bunte Seidenpapierbogen aufeinanderlegen und zweimal falten.

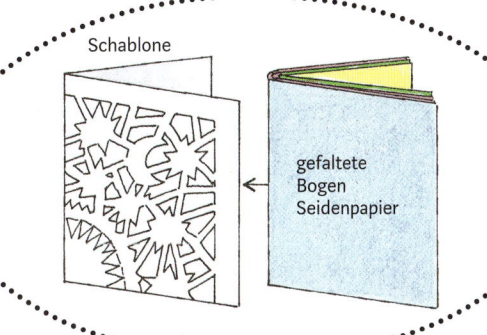

Schablone

gefaltete Bogen Seidenpapier

2 Auf ein gefaltetes Schreibmaschinenpapier das Muster vorzeichnen. Einzelne größere Elemente, wie Sonne, Mond und Sterne, sind dabei mit Stegen untereinander verbunden.

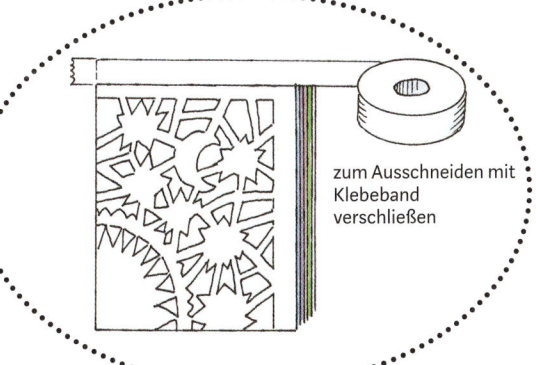

zum Ausschneiden mit Klebeband verschließen

3 Die fünf gefalteten Seidenpapiere in die Schablone legen und mit einer scharfen, spitzen Schere entlang der gezeichneten Linien ausschneiden. Vorsicht, die Stege nicht durchschneiden!

TIPP

Wenn man mit einem Stichel die Einstichlöcher für die Schere vorbohrt, erleichtert man sich die Arbeit.

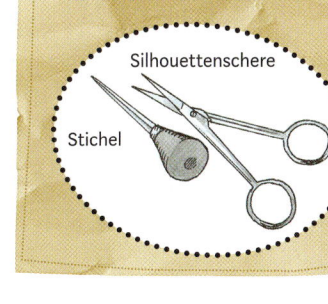

Silhouettenschere

Stichel

Auf dem Christkindlmarkt

An den Nachmittagen im Dezember wird es schon früh dunkel. In den alten Häusern am Marktplatz werden die Lichter angezündet und die Öfen nachgeschürt. Auch die Verkaufsbüdchen am Markt sind hell erleuchtet, und sacht beginnt es zu schneien. Das große Fensterbild besteht aus zwölf einzelnen Scherenschnitten.

MATERIAL

FENSTERBILDER

- Fotokarton
- Pergaminpapier
- Transparentpapier
- Schere oder Cutter
- Bleistift
- Kleber

1 Die Motive mit Bleistift auf schwarzes Tonpapier zeichnen.

2 Motiv mit einer Schere oder Schneidefeder ausschneiden. Als Rahmen einen fingerbreiten Rand stehen lassen.

3 Wenn die einzelnen Teile mit farbigem Pergaminpapier hinter-legt werden sollen, muss dieses entsprechend zugeschnitten und auf die Rückseite des schwarzen Tonpapiers aufgeklebt werden.

4 Nun das ausgeschnittene Motiv auf das farblose Transparentpapier kleben; so bekommt es wieder Halt.

Laterne

1 Für die Laterne wird ein dunkelblauer Tonpapierstreifen (70 × 35 cm) sechsmal unterteilt und im Zickzack zusammenge-faltet. Auf die oberste Seite das Bildmotiv zeichnen und ausschneiden.

2 Den fertigen Scherenschnitt auf Transparentpapier kleben und mit bunten Pergaminpapieren gestalten.

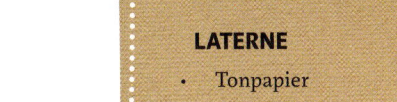

MATERIAL

LATERNE

- Tonpapier
- Transparentpapier
- Pergaminpapier
- Karton
- spitze Schere
- Bleistift
- Kleber

Zacken hoch-biegen und an die Innenseite des Zylinders kleben

3 Das Papier zur Rundlaterne biegen und als Boden eine Kartonscheibe mit Zackenrand hinein-kleben. Teelicht nicht vergessen!

27

Herzlichen Glückwunsch!

MATERIAL

BLUMENSTRAUSS

- 2–3 Bogen Zeichenpapier
- Deckfarbe
- breiter Pinsel
- Bleistift
- spitze Schere
- Untergrundpapier
- Klebestift

Früher gab es den schönen Brauch, selbst gemachte Glückwunschkarten zu verschicken: Herzen mit Tauben und Vergissmeinnicht oder Blumensträuße, alles aus Buntpapier ausgeschnitten. Es ist ganz einfach, diese einzigartigen Karten selbst zu basteln.

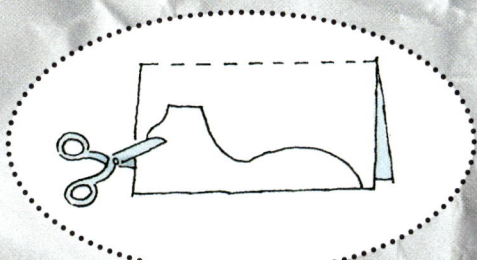

1 Das benötigte Buntpapier kann man selber herstellen: Für Blätter und Stängel einfach breite Bänder in unterschiedlichen Grüntönen auf weißes Zeichenpapier malen.

2 Für die Blumen wird das Papier mit Streifen in Blautönen, Gelb und Orange, Violett, Rot und Rosa bemalt. Schöne Farbverläufe entstehen, wenn mit einem breiten Pinsel waagerechte Striche einmal mit mehr Farbe, einmal mit mehr Wasser aufgetragen werden.

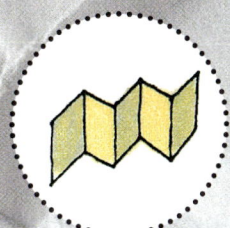

3 Wenn die Farbe trocken ist, die Farbbänder ausschneiden und wie eine Ziehharmonika in breiten Falten zusammenfalten.

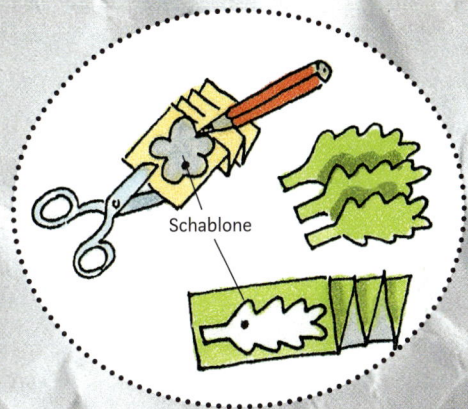

Schablone

4 Danach auf die oberste Falte den Umriss eines Blattes, Stängels, einer oder mehrerer Blüten zeichnen. Die Form wird mit spitzer Schere aus dem Papierstapel geschnitten. Das ergibt ohne große Mühe mehrere Exemplare derselben Form.

5 Wenn man so viele Blätter, Blüten und Stängel zusammenhat, dass damit eine Vase gefüllt werden kann, braucht man sie nur noch – wie auf dem großen Bild – aufzukleben.

MATERIAL

TÄNZERINNEN

- 1 Zeichenblatt
- Deckfarben
- breiter Pinsel
- spitze Schere

Tänzerinnen

1 Das selbst gefärbte Streifenpapier einmal in der Mitte zusammenfalten.

2 Dann eine Tänzerin aufzeichnen und – unmittelbar an der Falzkante – die halbe Figur der mittleren Tänzerin aufmalen. So entsteht nach dem Ausschneiden ein fröhliches Trio, wenn das Blatt aufgeklappt wird.

28

Kleisterpapier

MATERIAL

- Tapetenkleister
- Zeichenpapier
- dicker Pinsel
- Farben (wasservermalbar)
- Karton
- Schere

Für dieses Schmuckpapier wird gefärbter Kleister auf Papier aufgetragen und mit einfachen Hilfsmitteln ein Muster ausgeschabt.

Als Untergrund nimmt man am besten Zeichenpapier. Dieses kann weiß oder farbig sein. Als Kleisterbrei eignet sich der „normale" Tapetenkleister, nicht der „extrastarke". Die Kleisterschicht kann verschieden bearbeitet werden: Ein Schwamm oder geknüllter Stoff wird wie ein Stempel aufgedrückt und gibt seine Struktur ab. Ein Stückchen Pappe kann in der Kleisterschicht verschoben werden, oder man wischt mit den Fingern Muster hinein. Das typische Kleisterpapiermuster entsteht jedoch durch „Kämmen" mit einem Kamm aus Karton. Da sich das Papier beim Trocknen wellt, muss es wieder glatt gepresst oder gebügelt werden. Mit Kleisterpapier kann man Mappen, Schachteln und Dosen beziehen oder lange Pythonschlangen falten.

Kamm-Muster

1 Die Kleistermasse wird mit dickem Pinsel auf den Papierbogen aufgetragen, bis sie in einer dünnen Schicht auf dem Papier „schwimmt".

TIPP

Als Kamm nimmt man ein Stück Karton und schneidet Kerben ein. Der Abstand der Kerben kann gleichmäßig oder ungleichmäßig sein.

Kartonkamm mit unregelmäßigen Zacken

2 Man kann die Kleistermasse mit angerührter Pulverfarbe oder Holzbeize (konzentriert), mit Deck- oder Dispersionsfarbe färben. Auf die Kleisterschicht wird die Farbe mit dem Pinsel nicht aufgestrichen, sondern aufgestupft.

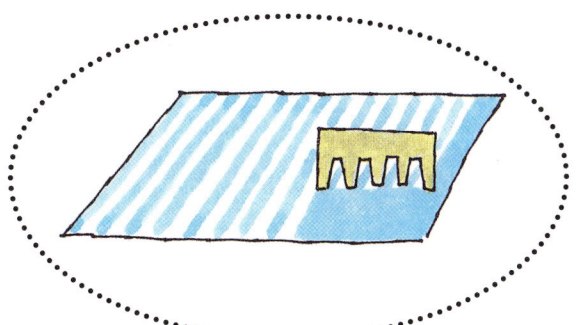

3 Der Kamm wird gerade, kreuz und quer, gewellt, gezackt oder in Kreisen über den Kleister gezogen und hinterlässt dabei Streifenspuren in der Farbe des Papiergrundes.

29

Batikpapier

MATERIAL

TAUCHBATIK

- Japanpapier oder Seidenpapier
- Holzbeize oder Ostereierfarbe
- Plastikbecher
- Holzleiste
- Säge
- Schnur

Die Muster der Tauchbatikpapiere entstehen durch Falten, Zusammen-pressen, Abbinden, durch Rollen oder Verdrehen des Papiers.
Zum Tauchen und Färben wird Holzbeize oder Ostereierfarbe verwendet.
Das Papier muss sehr saugfähig sein. Am besten eignet sich Japanpapier, es ist weich und trotzdem reißfest. Auf dem Foto sind die beiden Papier-quadrate vorne aus Japanpapier gebatikt.
Das Japanpapier wird zwei- oder dreimal gefaltet und zusammengepresst.
Dann taucht man eine Ecke in Farbe. Hat das Papier ausreichend viel Farbe aufgenommen, wird eine andere Ecke oder Kante in Farbe getaucht.
Praktisch ist es, das Papier mit Wäscheklammern festzuhalten. Sind alle gewünschten Stellen gefärbt, wird das Papierpaket zum Trocknen gelegt.
Nach dem Öffnen zeigen sich gleichmäßig über das Papier verteilte Farbflecken.

Tauchbatik

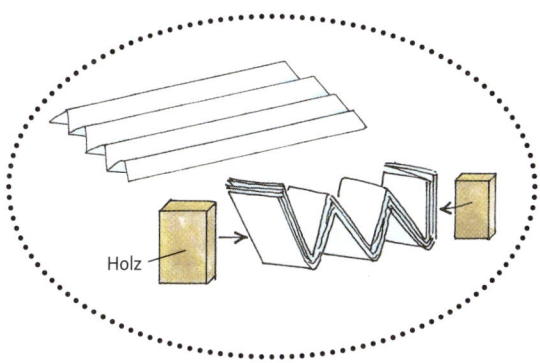

Holz

1 Große Bogen Seidenpapier wie eine Ziehharmonika zusammenfalten, einmal längs, danach quer, und zwischen zwei flache Holzleistenstücke binden.

Farbe

2 Das Päckchen ganz in Farbe eintauchen. Faltet man das Papier nach dem Trocknen auseinander, ist ein Karomuster entstanden. Ein Streifenmuster entsteht, wenn die zwei Seiten des Päckchens in verschiedene Farben getaucht werden.

Tropfbatik

Für die Tropfbatik der Tüten und Taschen unten links wurde normales Zeichenpapier verwendet. Die Punkte werden mit einer weißen Kerze aufgetropft und das Blatt mit Farbe übermalt. Alle Wachstropfen erscheinen nun weiß. Ist der Bogen trocken, werden neue Wachstropfen aufgesetzt und mit einer anderen Farbe überstrichen. Diesen Vorgang kann man beliebig oft wiederholen. Wie die Tütenform geklebt wird, steht auf Seite 76. Ein Teelicht hineingesetzt – und durch die Punkte leuchtet farbiges Licht!

MATERIAL

TROPFBATIK

- weiße Kerzen
- Zeichenpapier
- Holzbeize oder Ostereierfarbe
- breiter Pinsel
- Küchenkrepp oder Zeitungspapier
- Bügeleisen

TIPP

Andere Muster entstehen durch unterschiedliche Falten, z. B. diagonale Falten oder alle Ecken zur Mitte usw.

Batik mit dem Pinsel

Pinselbatik schmückt das Papier der dunklen Tüten rechts daneben. In schwungvollen Zügen wird das heiße Wachs aufgemalt oder aufgespritzt. Unterschiedliche Farben der Holzbeize werden in Streifen oder in Flecken Nass in Nass darübergemalt. Das Wachs wird zwischen mehreren Lagen Zeitungspapier oder Küchenkrepp mit einem heißen Bügeleisen wieder zum Schmelzen gebracht. Das Papier saugt das flüssige Wachs dabei auf.

MATERIAL

PINSELBATIK

- weiße Wachsreste
- Konservendose
- Töpfchen mit Wasser
- Pinsel
- Packpapier
- Holzbeize
- Küchenkrepp oder Zeitung
- Bügeleisen

30

Fensterhühner

MATERIAL

- dünnes, weißes Papier
- Ostereierfarben
- Borstenpinsel
- Haarpinsel
- Stövchen mit Teelicht
- weiße Kerzenreste
- Zeitungspapier
- unbedrucktes Papier
- Bügeleisen
- Schere, Bleistift

Milde Frühlingsluft liegt über dem Land und erstes Weidegrün wagt sich aus dem Wintergrau. Weiße Schlehenhecken sprenkeln den Feldrain hinter kahlen Rebstockreihen und vereinzelte Mandelbäume tupfen ihr Rosa vor sienabraune Äcker. Freudig aufgeregte Hühner laufen über Fensterscheiben: Es ist Ostern!

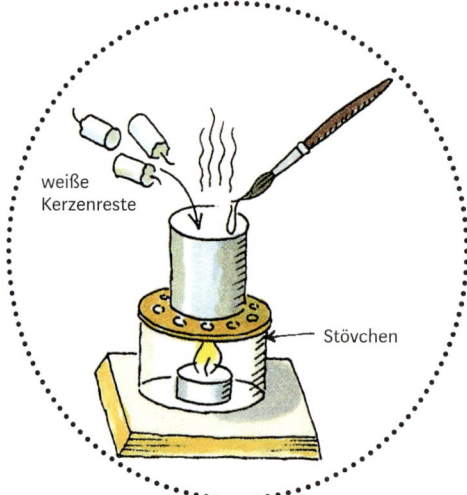

weiße Kerzenreste

Stövchen

1 Den Arbeitsplatz mit mehreren Lagen Zeitungspapier gut abdecken. Weiße Kerzenreste in einer Blechdose über einem Stövchen mit Teelicht schmelzen. Nicht die Herdplatte verwenden, denn das Wachs könnte dort Feuer fangen.

2 Gläser mit aufgelöster Ostereierfarbe in Rot, Gelb und Blau bereitstellen. Aus diesen Grundfarben werden in weiteren Gläsern die Farben Orange, Grün und Lila gemischt.

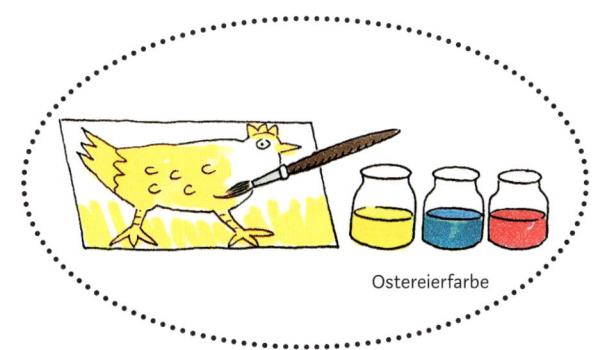

Ostereierfarbe

3 Mit einem Bleistift wird die Umrissform des Hühnchens auf das weiße Papier gezeichnet. Wenn das Wachs geschmolzen ist, mit einem Borstenpinsel und dem flüssigen Wachs alle Stellen, die weiß bleiben sollen, bemalen.

TIPP

Die Fensterbilder aus Batikpapier am besten in der Küche basteln, denn dort kann verschüttete Farbe am schnellsten aufgewischt werden.

4 Anschließend wird das Huhn mit Ostereierfarben bemalt. Nach dem Trocknen können erneut Wachsflecken oder -streifen aufgetragen werden, die anschließend mit Eierfarbe übermalt werden. So entstehen neue Farbkompositionen.

Zeitungen

5 Ist das Bild fertig und trocken, wird es auf mehrere Zeitungen gelegt. Darüber kommt ein Bogen unbedrucktes Papier. Nun mit dem Bügeleisen darüberfahren, bis das Wachs unter dem Papier geschmolzen und das ganze Bild mit Wachs getränkt ist.

6 Danach die Wiese und das Huhn im Umriss ausschneiden und mit durchsichtigem Klebefilm an einer Fensterscheibe anbringen.

TIPP

Den Pinsel gut auswaschen, bevor er in eine andere Farbe getaucht wird. Die Farbe in den Gläsern ist sonst zu schnell verschmutzt.

Marmorpapier

MATERIAL

ÖLTUNKPAPIER

- Papier
- flache Wanne
- Künstler-Ölfarben
- Pinsel oder Holzstäbchen
- Terpentinöl
- Wasser
- Zeitungspapier

Beim Marmorieren schwimmt die Farbe auf einem Grund, von dem sie mit Papier abgenommen wird. Es gibt verschiedene Arten, Marmorpapier herzustellen. Die hier beschriebenen Techniken sind die einfacheren und basieren auf der Tatsache, dass sich Öl und Wasser nicht miteinander mischen.

Marmorieren auf Wasser

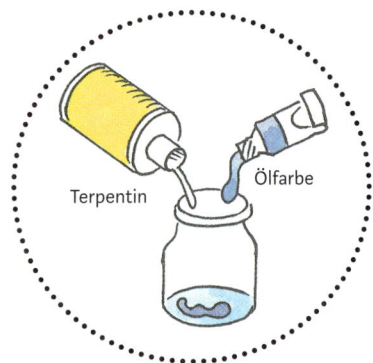

Terpentin   Ölfarbe

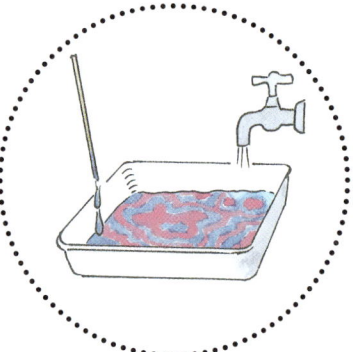

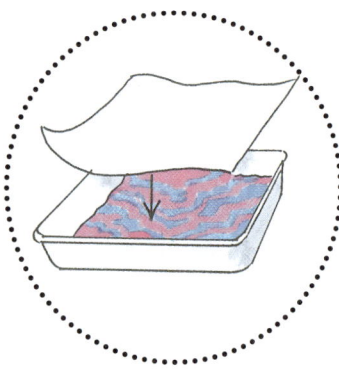

1 Eine Schüssel oder Wanne wird mit Wasser gefüllt. Zum Verdünnen der Ölfarbe werden 2–3 cm Farbe aus der Tube in ein Glas gedrückt und mit Terpentinöl verrührt, bis sie flüssig vom Pinsel rinnt.

2 Mit dem Pinsel wird die Farbe auf das Wasser getropft. Sie breitet sich sofort aus und bildet einen kaum sichtbaren Film auf der Wasseroberfläche. Mehrere Farben werden so aufgetropft.

3 Mit Papier wird das Muster abgenommen. Dabei fasst man das Papier an zwei diagonal gegenüberliegenden Ecken, legt es rasch auf die Wasseroberfläche und nimmt es gleich wieder hoch. Restfarbe auf der Wasserfläche wird mit Zeitungspapier abgenommen.

Marmorieren auf Kleistergrund

Dickflüssiger Kleister wird 2–3 cm hoch in eine Wanne gefüllt. Auf ihm lassen sich, im Gegensatz zum „Wassergrund", präzisere Muster herstellen.

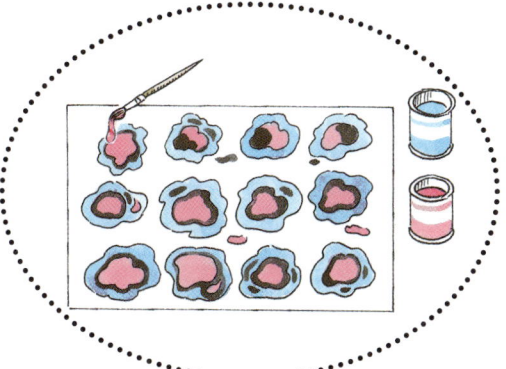

MATERIAL

MARMORPAPIER
- festes Papier
- flache Wanne
- Künstler-Ölfarben
- Terpentinöl
- Wasser
- Pinsel oder Holzstäbchen
- Kamm (oder Karton, Zahnstocher und Packband)

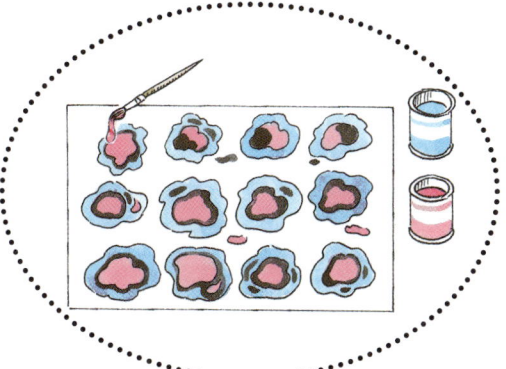

1 Mit einem Pinsel oder einem Stäbchen wird in gleichmäßigen Reihen die verdünnte Ölfarbe aufgetropft. Ob sich die Tropfen weiter ausbreiten oder ob sie konzentriert an einer Stelle bleiben, hängt von der Flüssigkeit des Kleisters und der Farbe ab.

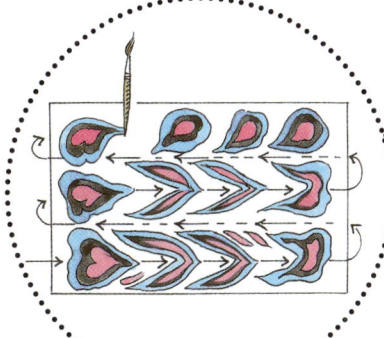 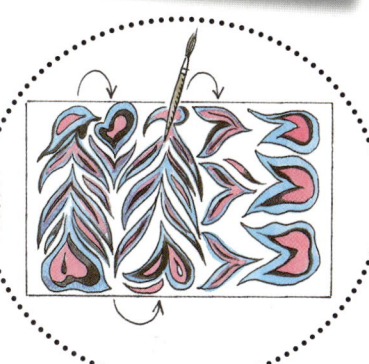

2 Mit einem Stäbchen werden nun Linien durch die Tropfen und den Kleister gezogen.

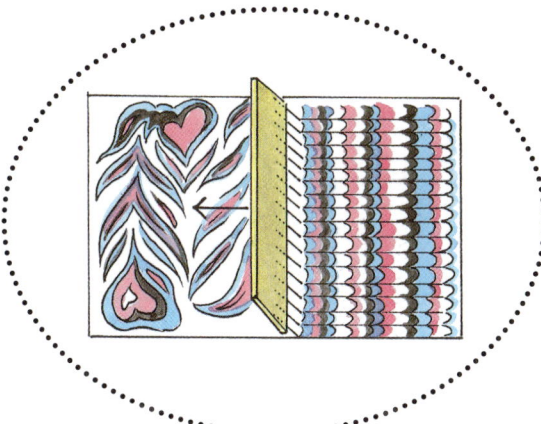

3 Mit einem Kamm, der aus einem Streifen Karton, Zahnstochern und einem Packband schnell gefertigt ist, kann das typische Wellenmuster hergestellt werden.

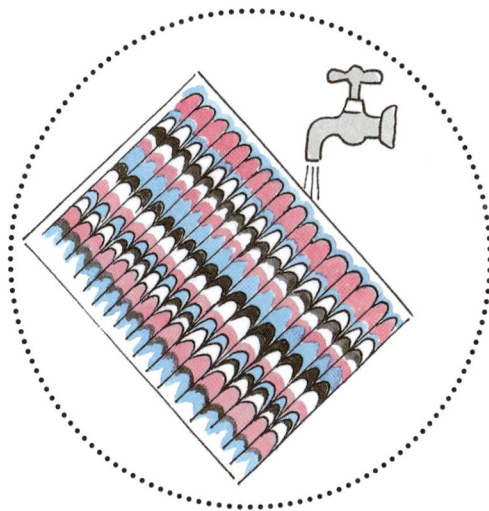

4 Wie beim Marmorieren auf Wasser wird das Muster mit dem Papier abgehoben. Mit der Musterseite nach oben legt man dann das Papier auf ein Unterlagenbrett – am besten aus Plastik – und spült den Kleister unter fließendem Wasser ab. Ideal ist das Abbrausen mit einer Dusche.

5 Die Farbreste auf der Kleistermasse in der Wanne werden mit Zeitungspapier entfernt: Es werden so oft wannengroße Zeitungsbögen aufgelegt und damit die Farbe abgehoben, bis der Kleister sauber ist.

TIPP

Zum Marmorieren eignen sich am besten kräftiges Zeichenpapier, Packpapier und Ingresbütten.
Achtung! Für gute Durchlüftung des Raumes sorgen oder im Freien arbeiten.

32 Im japanischen Garten

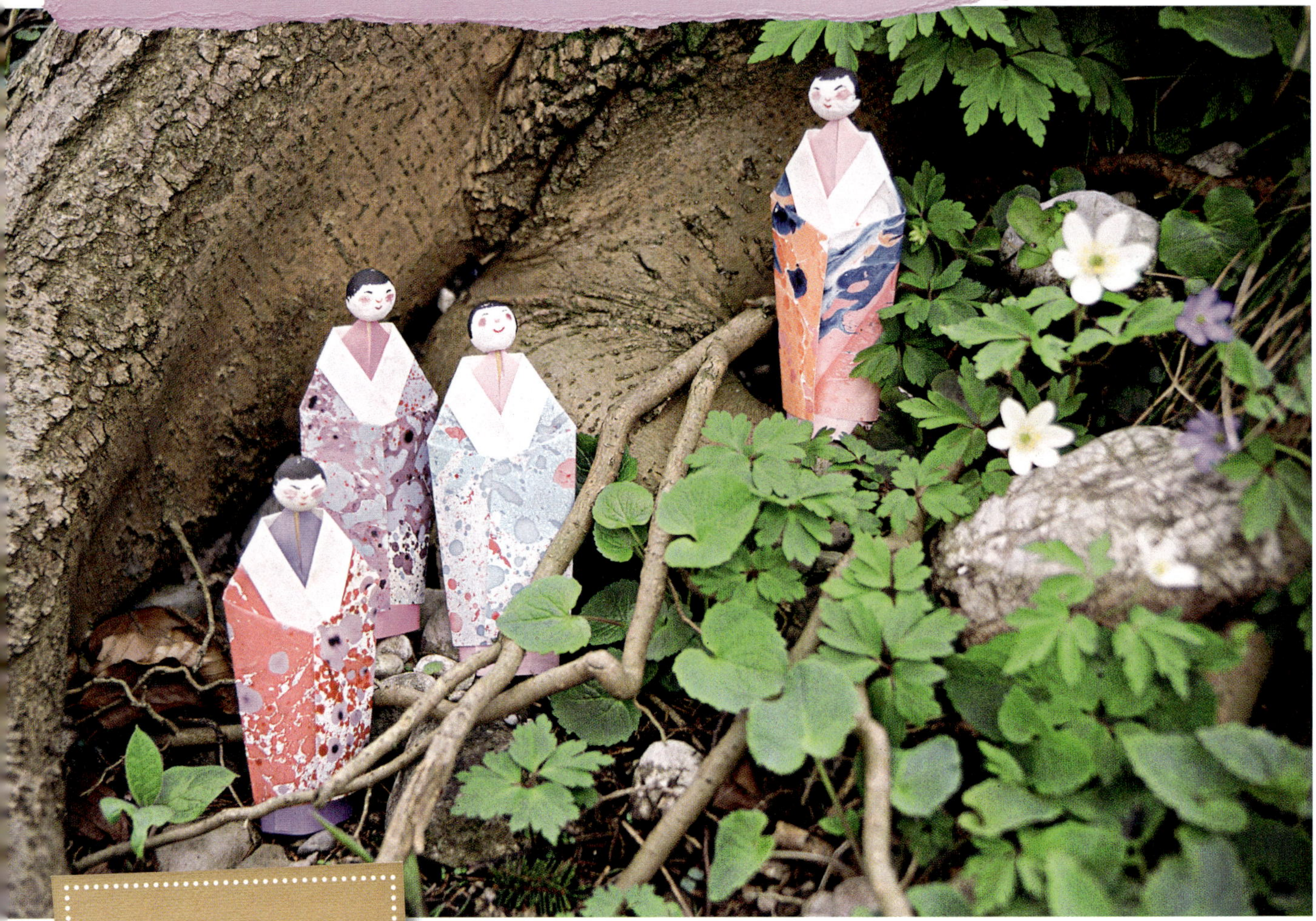

MATERIAL

- Schmuckpapier (s. S. 68)
- Origami-Faltpapier
- Wattebälle

Vier kleine Japanerinnen haben sich zu einem Spaziergang im Park getroffen. Ihre farbenprächtigen Kimonos leuchten im Marmor-Design.

Unterkleid

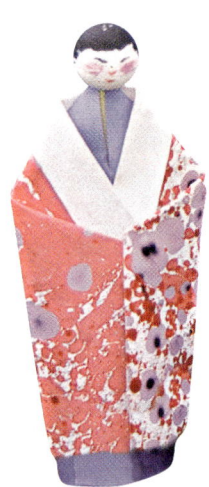

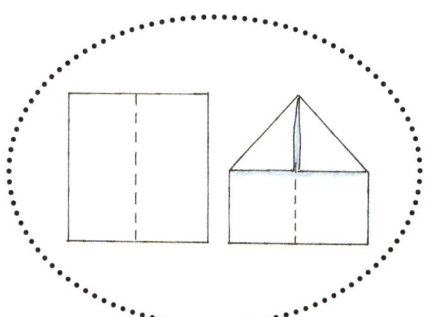

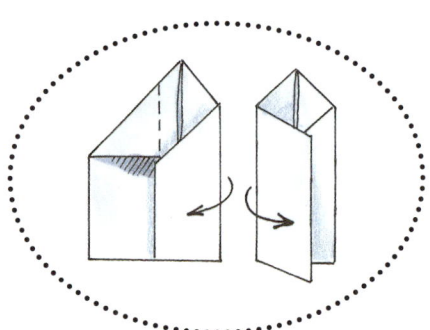

1 Der Kimono und das Unterkleid der Japanerin bestehen jeweils aus einem Quadrat. Mittellinie knicken und die Ecken einschlagen.

2 Auch die Seiten einschlagen. Ihre Schnittkante liegt fingerbreit über der Mittellinie.

Kimono

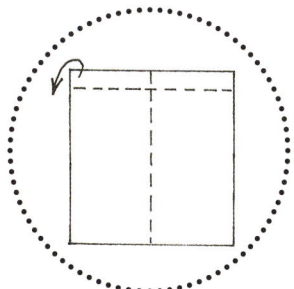 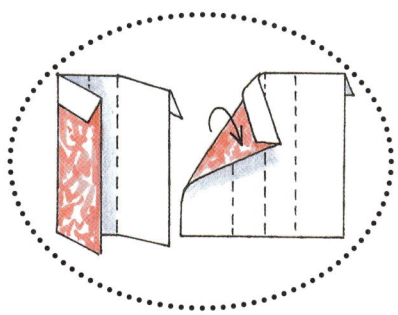 

1 Die Mittellinie des Quadrats knicken und die obere Seite fingerbreit nach hinten falten.

2 Nun die Seiten und anschließend die Ecken fingerbreit über die Mittellinie falzen.

3 Die Seiten nach innen übereinanderschlagen.

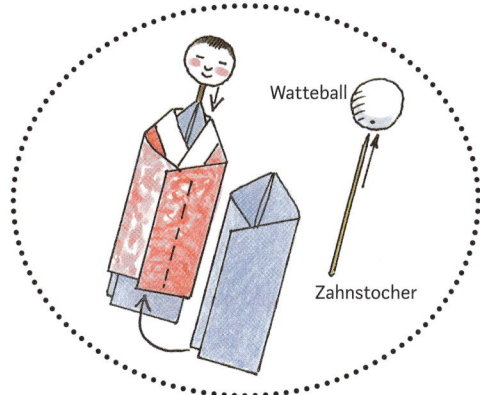

4 Das Unterkleid wird in den Kimono geschoben. Ein Watteball wird als Kopf auf einen Zahnstocher gesteckt und dieser in der Mitte des Kimonos platziert.

Falt-Falter

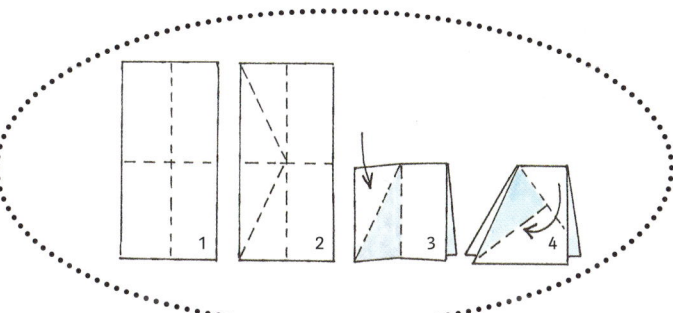 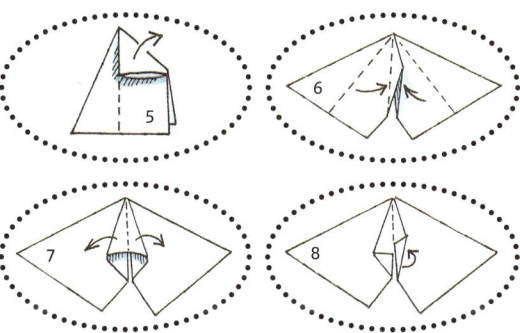

1 Das Mittelkreuz knicken. Nun die Diagonale knicken. Fläche nach innen drücken. Eine Ecke knicken.

2 Die Ecke wieder zurückfalten. Jetzt das Papier öffnen und die Ecke hochstellen. Die Ecke zur „Spitztüte" flach drücken. Nun die Seiten zur Mittellinie falten.

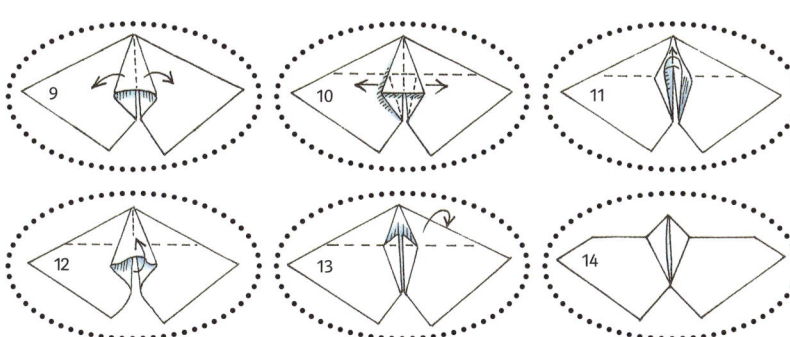 

3 Die Spitze nach hinten knicken und wieder hochschlagen. Die Falten und die „Spitztüte" öffnen. Die Tüte nach oben ziehen und die Spitze nach hinten falten.

Windradbaum

Blumenstab

MATERIAL

- Besenstiel
- Bretter
- Stroh
- Schirmständer
- Schnur
- Blumenstäbe
- Faltpapier
- Stecknadeln

Sein Stamm ist ein Besenstiel und seine Krone ein Bündel Stroh, seine Äste sind Blumenstäbe und seine Blätter fast hundert Windräder aus Faltpapier, die sich im Wind munter drehen. Er wurzelt fest in einem Sonnenschirmständer oder einem Ständer aus Leisten.

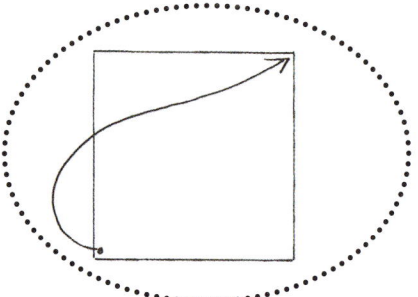

1 Faltpapier diagonal Ecke auf Ecke legen und leicht (!) falzen.

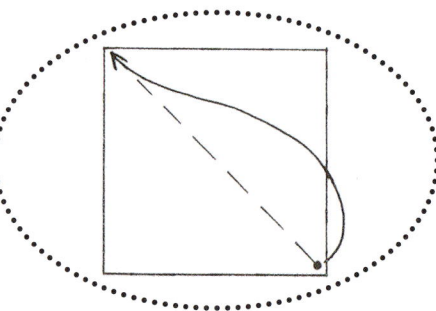

2 Papier wieder öffnen, Restecken zusammenführen und die Diagonale ebenfalls durch leichtes Falzen markieren.

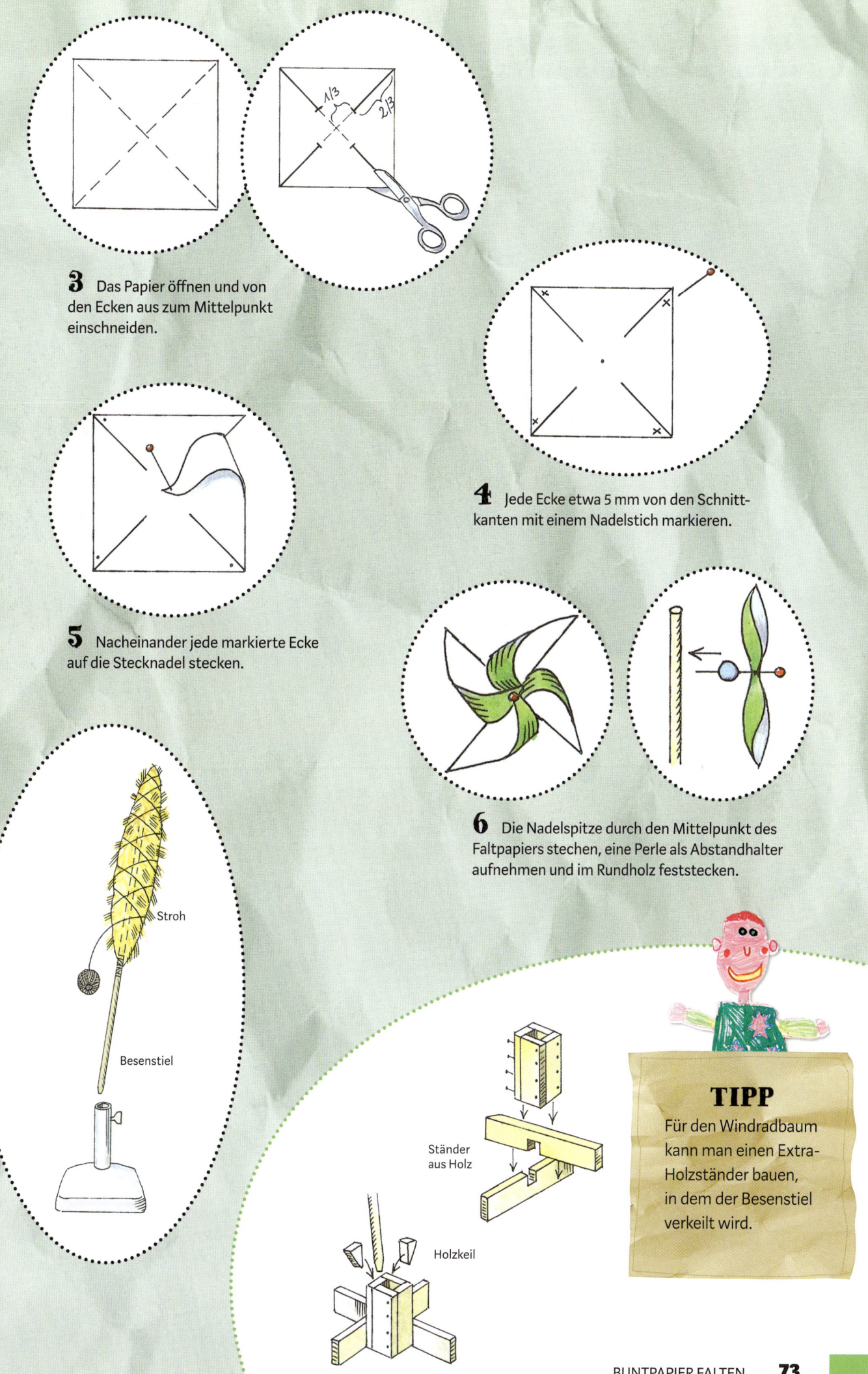

3 Das Papier öffnen und von den Ecken aus zum Mittelpunkt einschneiden.

4 Jede Ecke etwa 5 mm von den Schnittkanten mit einem Nadelstich markieren.

5 Nacheinander jede markierte Ecke auf die Stecknadel stecken.

6 Die Nadelspitze durch den Mittelpunkt des Faltpapiers stechen, eine Perle als Abstandhalter aufnehmen und im Rundholz feststecken.

Stroh

Besenstiel

Ständer aus Holz

Holzkeil

TIPP

Für den Windradbaum kann man einen Extra-Holzständer bauen, in dem der Besenstiel verkeilt wird.

34 Himmelsstürmer

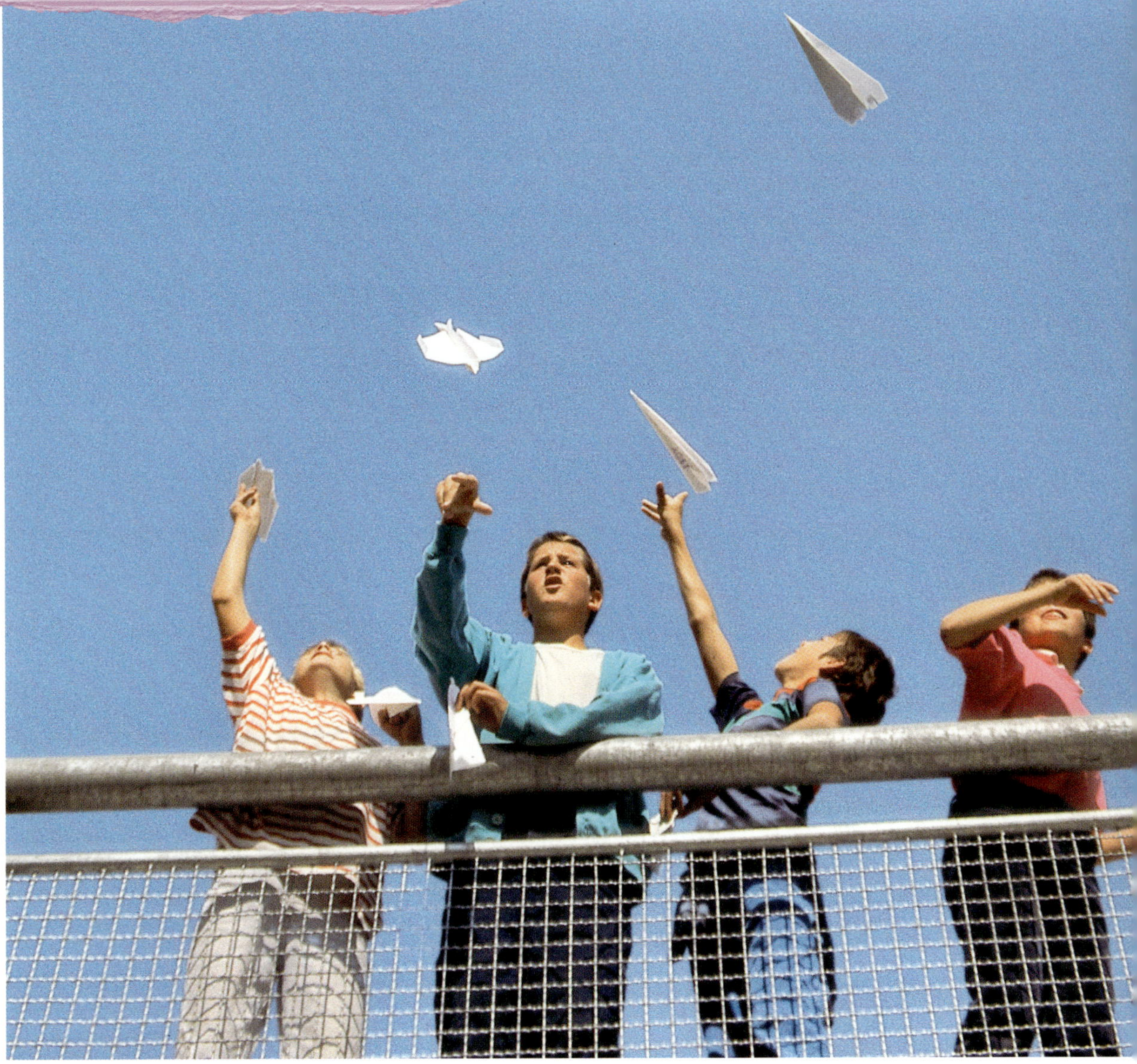

MATERIAL

FALTFLIEGER

- Schreibpapier DIN A4

Ein Blatt Papier geht in die Luft, als Drachen oder Pfeil erforscht es das Himmelsblau. Der „Pfeil“ ist ein klassischer Faltflieger. Er schießt schnell in die Höhe und kehrt in weitem Gleitflug zur Erde zurück. Für einen gelungenen Flug sorgt die richtige Abwurftechnik: Wenn man zu fest abwirft, fliegt er nicht; und wenn man zu locker abwirft, fliegt er auch nicht.

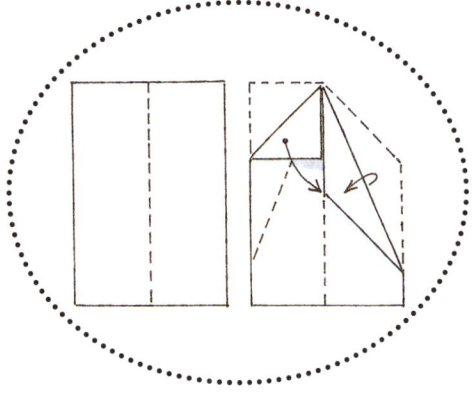

1 Ein DIN-A4-Blatt senkrecht in der Mitte falten und wieder auseinanderklappen.
Die oberen Ecken zur Mitte falten, sodass ein Rechteck mit Dach entsteht. Das Dach nach unten falten und die Bugkante zur Mittellinie schlagen.

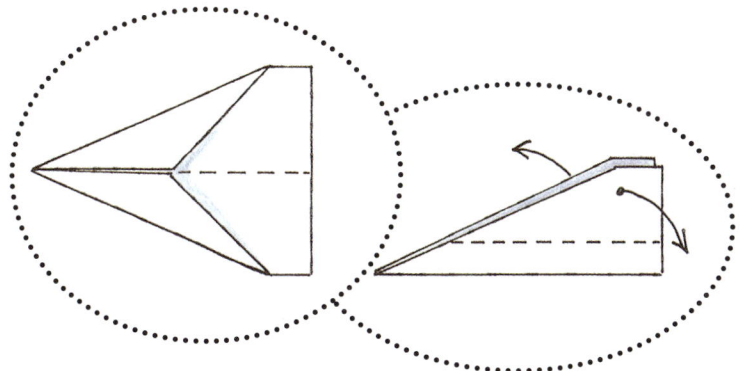

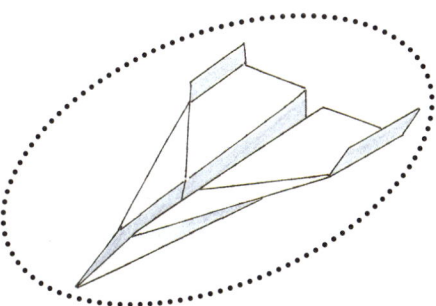

2 Das entstandene spitze Dreieck in der Mitte zusammenfalten. Am Mittelbruch halten und die Flügel zurückknicken.

3 Die Flügelenden hochschlagen.

Schlittendrachen

Nur einen Bogen DIN-A4-Papier braucht der Schlittendrachen. Mit Nähgarn, etwas Klebeband und bunten Krepppapierstreifen ist er schnell gebastelt. Ein günstiger Aufwind verhilft ihm zu einem guten Start.

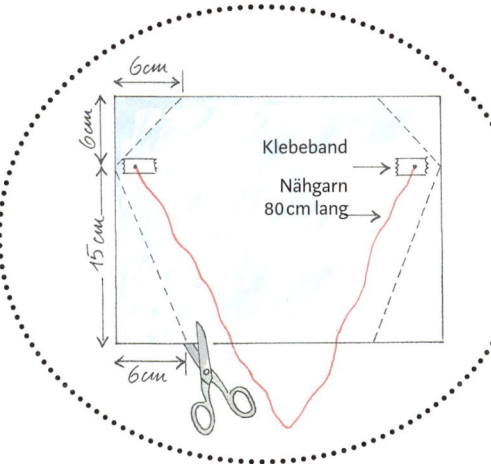

1 Die Ecken des Papierbogens, wie auf der Zeichnung angegeben, kappen. Mit Klebeband die Löcher für die Waageschnur vor dem Einstecken sichern.

MATERIAL

DRACHE

- Schreibpapier DIN A4
- Klebeband
- Schere
- Faden
- Krepppapier
- Lineal
- Bleistift
- Ahle

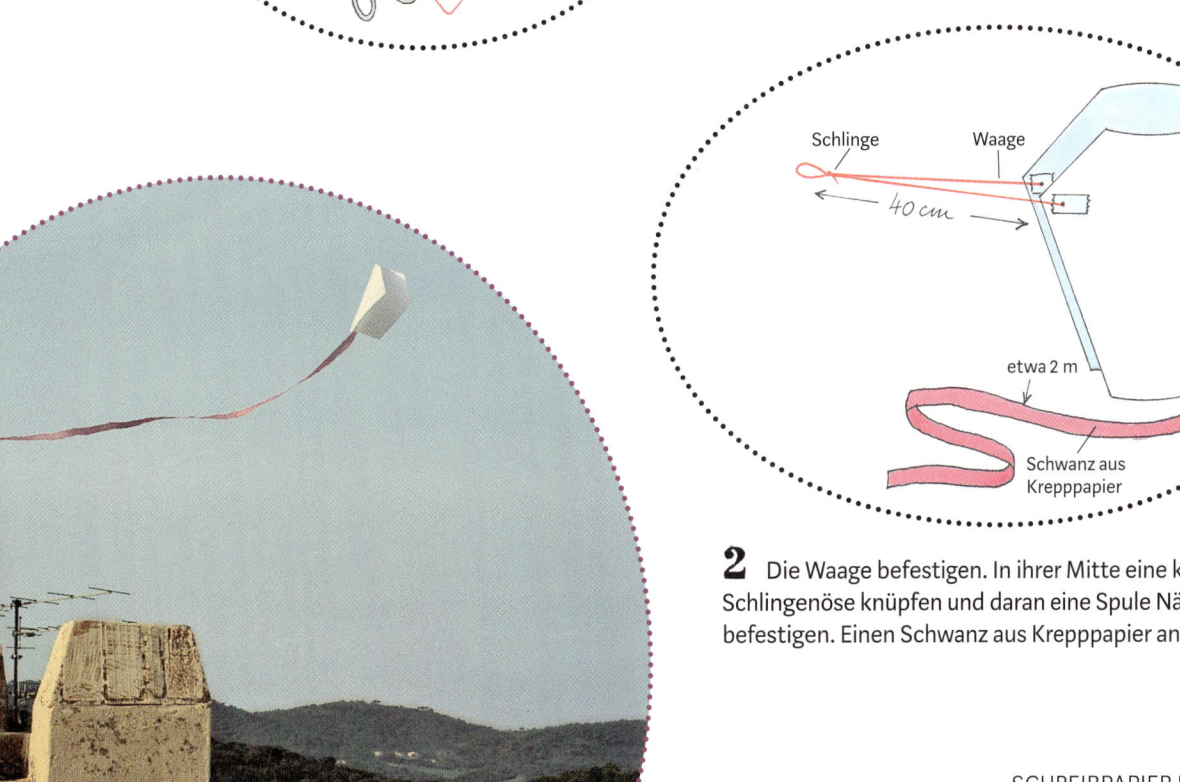

2 Die Waage befestigen. In ihrer Mitte eine kleine Schlingenöse knüpfen und daran eine Spule Nähgarn befestigen. Einen Schwanz aus Krepppapier ankleben.

Nikolaustüten

Selbst bemalte Tüten warten auf den Nikolaus. Aus Packpapier sind diese großen Tüten schnell gemacht. Wenn am Morgen ein Zweig am Henkel steckt, wissen die Kinder: Der Nikolaus ist da gewesen!

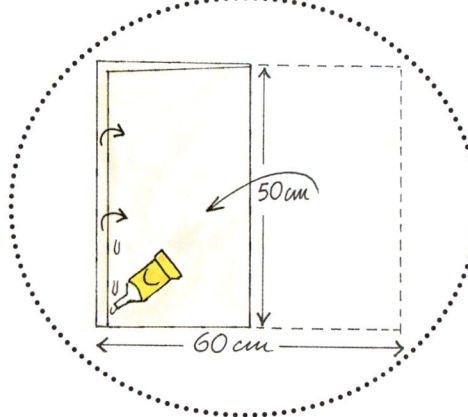

1 Packpapier zusammenfalten, auf der Unterseite fingerbreiten Überstand lassen. Überstand auf die Oberseite kleben.

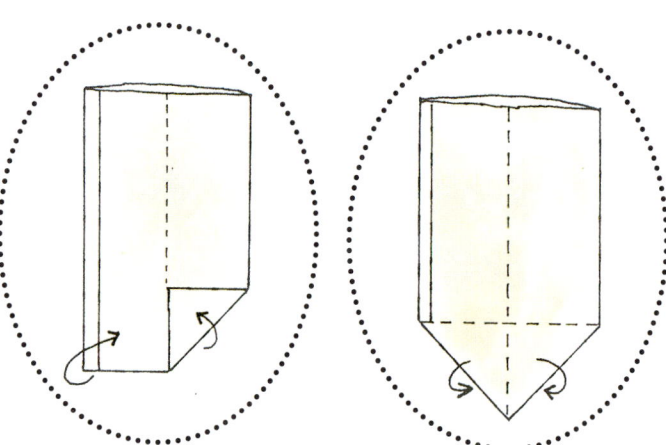

2 Längsseiten aufeinanderlegen und Mittelbruch falten. Untere Ecken auf den Mittelbruch schlagen.

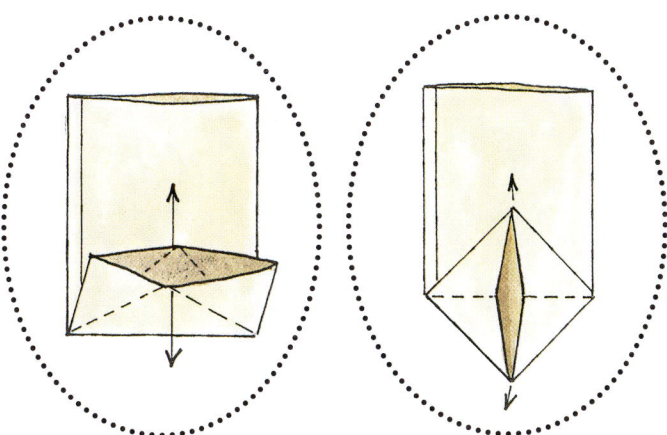

3 Faltung wieder auseinanderschlagen, Papiertüte öffnen und nach oben und unten plan auseinanderziehen.

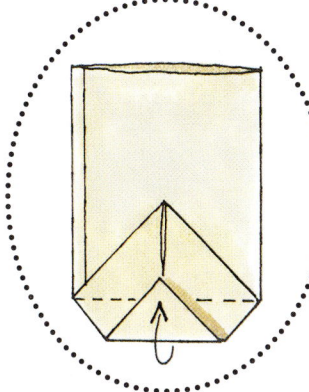

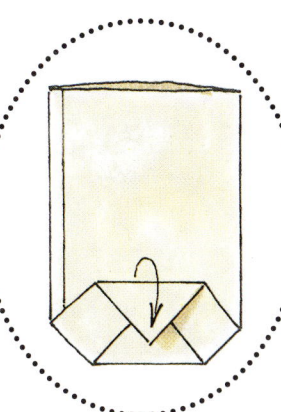

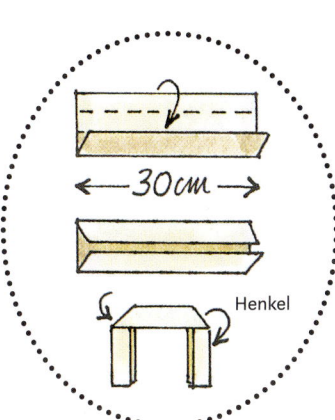

4 Spitzen etwas über die Mitte zurückschlagen, dabei die obere auf die untere kleben. Aus Packpapierstreifen einen Henkel falten und ankleben.

Laternentüte

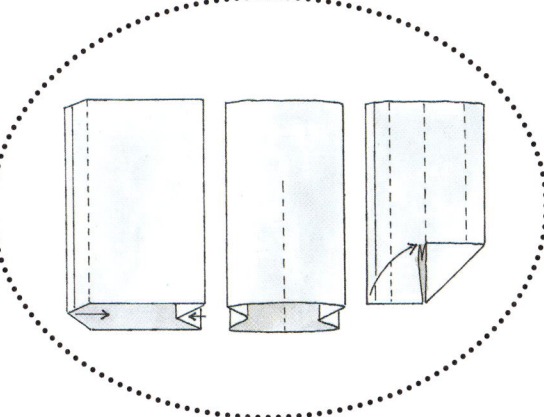

Mit spitzer Schere werden die Gesichter aus den Laternentüten geschnitten. Die Tüten sind seitlich gefalzt und ein eingelegter Boden aus Pappe spreizt die Wände auseinander.

36 Überraschungsstern

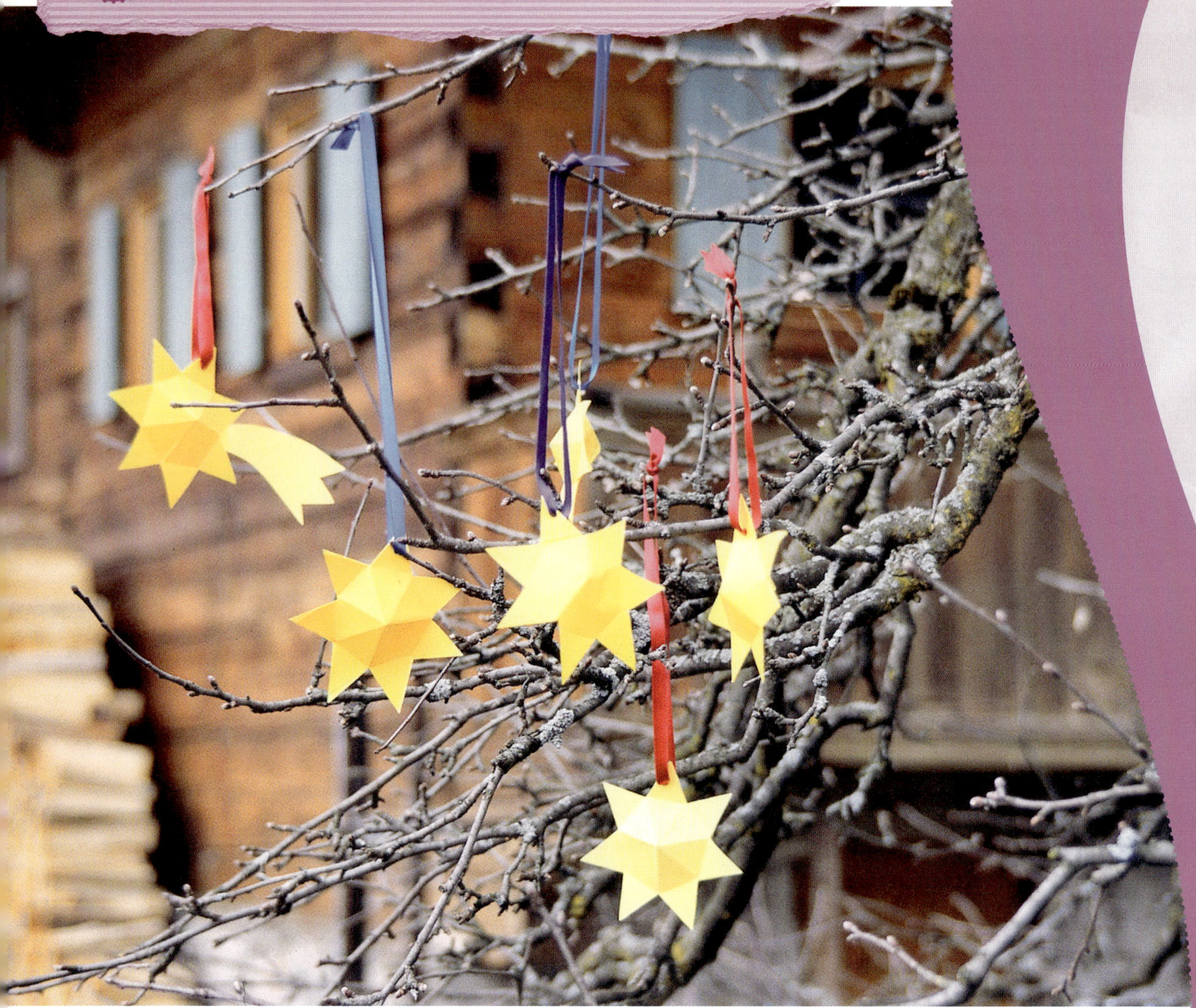

24 Sterne hängen in der Adventszeit im Zimmer. Jeden Tag darf ein Stern geöffnet werden, sein Inhalt versüßt die Zeit des Wartens auf das Weihnachtsfest.

MATERIAL

- Tonpapier
- Schere
- Lineal
- Kleber
- Bändchen

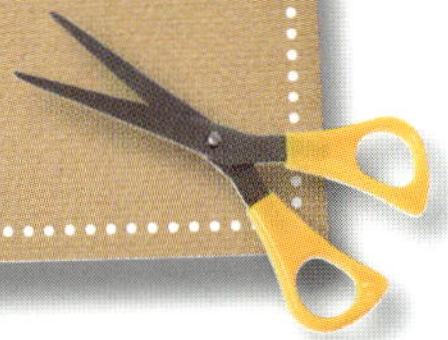

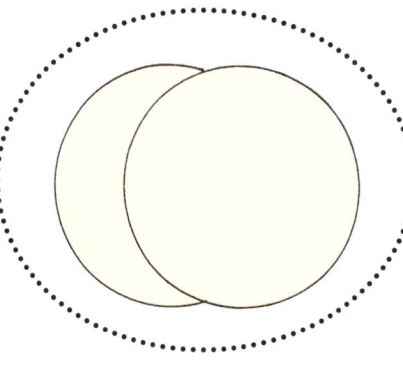

1 Zwei Scheiben aus gelbem Tonpapier ausschneiden.

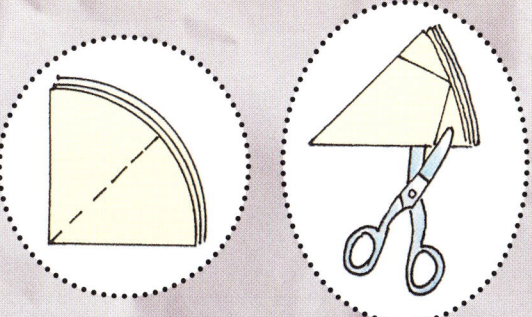

2 Jede Scheibe dreimal zusammenlegen. In den Randbogen eine Sternenzacke schneiden.

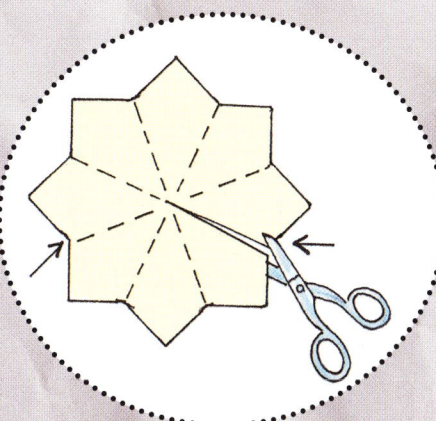

3 Die Sternenscheiben auffalten und jeweils einmal bis zur Mitte einschneiden. Alle Falzkanten mithilfe der Scherenspitze und eines Lineals anritzen.

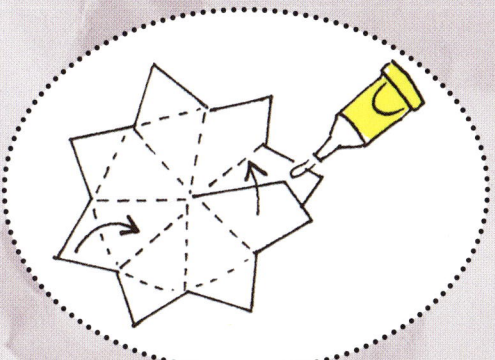

4 Je ein Sternsegment über das andere schieben und zusammenkleben. Die Zacken nach innen drücken und wieder zurückschlagen.

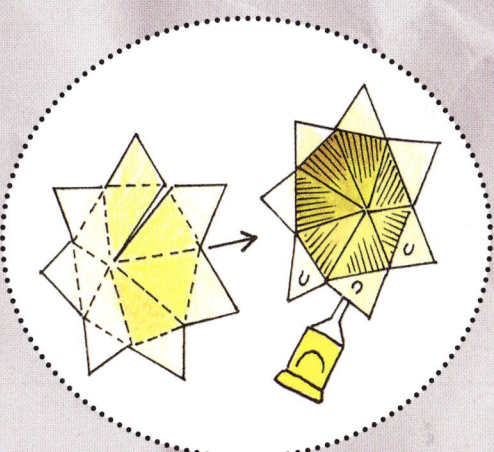

5 Beide Sternhälften an den Zacken zusammenkleben. Eine Zacke offen lassen.

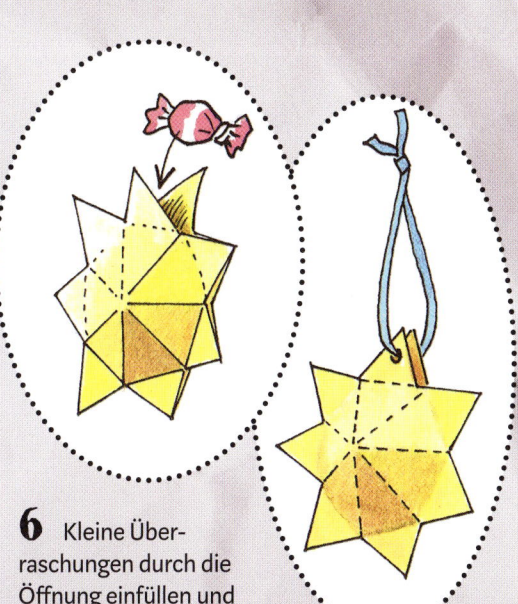

6 Kleine Überraschungen durch die Öffnung einfüllen und dann diese mit einer Bandschlaufe schließen.

TIPP
Durch das Anritzen der Falzkanten auf derselben Papierseite lässt sich die Kegelspitze in der Mitte des Sterns besser formen.

37 Im Unterwassergarten

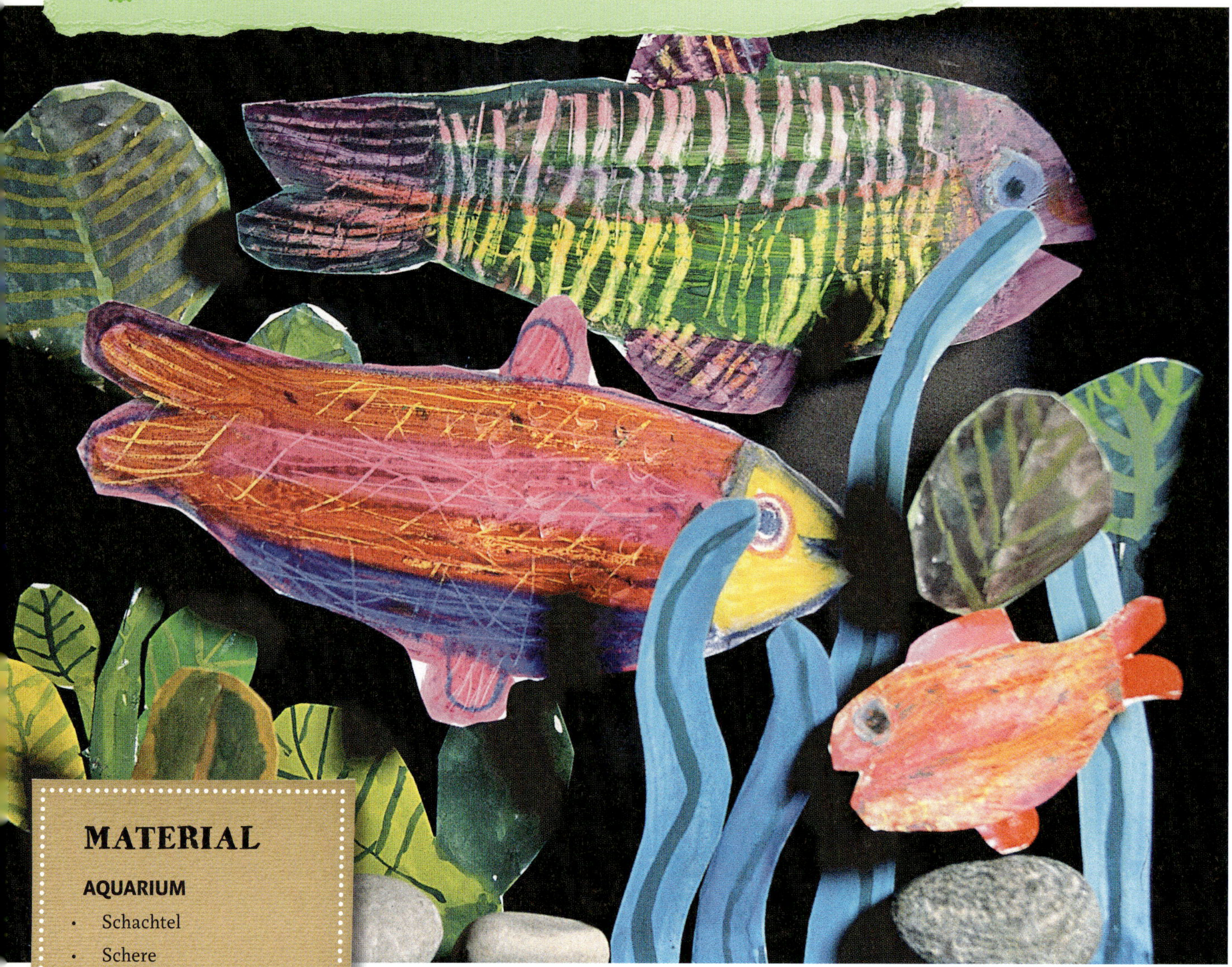

MATERIAL

AQUARIUM
- Schachtel
- Schere
- Tonpapier
- Fotokarton
- dünner Zeichenkarton
- Ölkreiden
- Deckfarben

Leuchtende Fische mit blauem Bauch und bunten Streifen gleiten stumm durch die Unterwasserwelt. Das „Aquarium ohne Wasser“ wird in einer Schachtel angelegt.

1 Eine Schachtel mit schwarzem Papier auslegen.

2 Stege aus schwarzem Fotokarton zuschneiden, die Enden umknicken und Pflanzen oder Fische mit Kleber daran befestigen. Die Stege nun an der Rückwand der Schachtel festkleben.

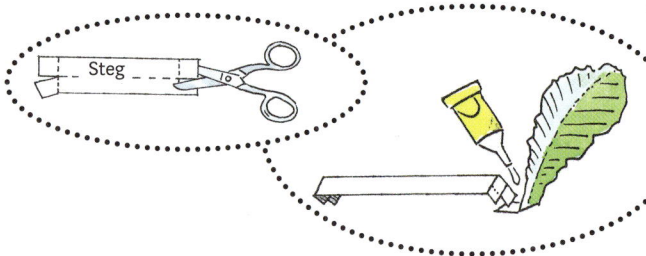

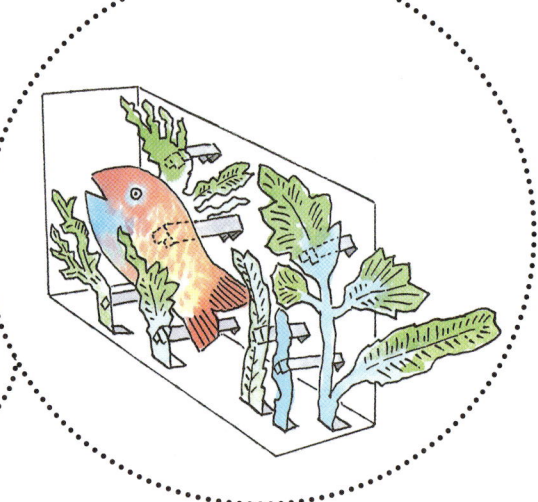

Blumenschale

Für das Geburtstagskind haben die kleinen Gäste selbst gemalte Blumen mitgebracht. In dieser Pflanzschale können die Blumen immer wieder neu arrangiert werden.

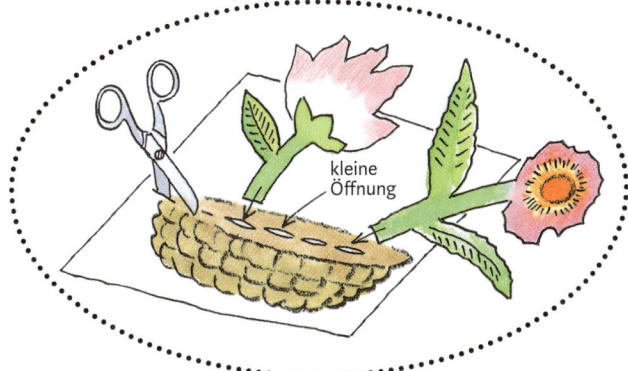

kleine Öffnung

1 Pflanzenschale auf festem Zeichenkarton aufmalen. Kleine Öffnungen für die Blumen in die Schale schneiden.

2 Mit Ölkreiden bunte Blumen auf dünnen Zeichenkarton malen, ausschneiden und durch die Öffnungen stecken.

Marktstand

Im Schachteldeckel hat eine Blumenfrau ihren kleinen Marktstand eröffnet.

1 Alle ausgeschnittenen Figuren und Pflanzen im Schachteldeckel sind mit Filzstiften bemalt und stehen auf geknickten Stegen.

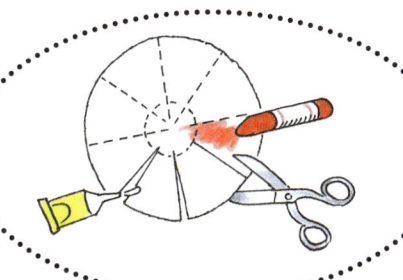

2 Für das Schirmdach eine Scheibe Papier gleichmäßig einschneiden, an den Schnittkanten nach innen verschieben und festkleben.

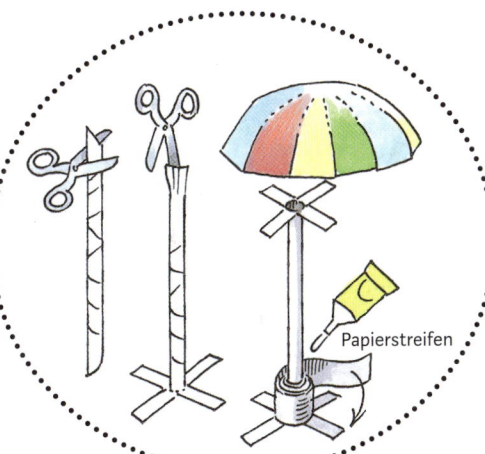

Papierstreifen

3 Den Sonnenschirmständer aus gerolltem Papier oben und unten einschneiden, die Streifen auseinanderdrücken. Oben den Schirm ankleben, um den Fuß zur Standfestigkeit einen Papierstreifen wickeln und festkleben.

1,50 €
2,– €
1,– €
1,– €

MATERIAL

THEATERGEBÄUDE

- kräftiger Zeichenkarton
- Klebeband
- Cutter
- Bleistift
- Lineal

Die Bretter, die für sie die Welt bedeuten, bestehen aus Karton und ein seidenes Fädchen erweckt sie zum Leben. Während Graf Conte gerade der schönen Tusnelda seine Liebe ins Ohr flüstert, worauf diese verzückt lächelt, bekommt Peppino einen roten Kopf: Das hätte er nicht von seiner Freundin gedacht!

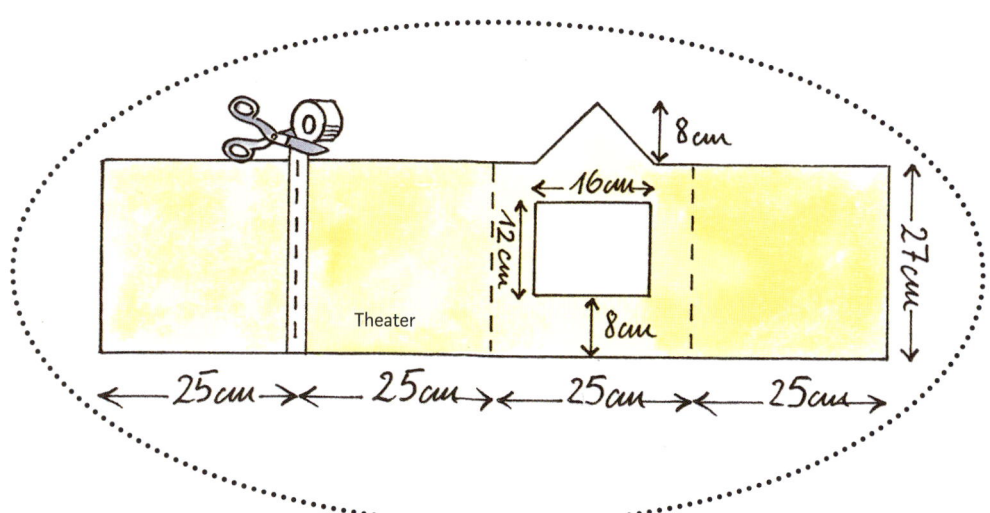

1 Das Theatergebäude besteht aus vier weißen Kartonwänden. Die Wände mit dem Cutter einzeln zurechtschneiden und auf der Innenseite mit Klebeband aneinanderkleben.

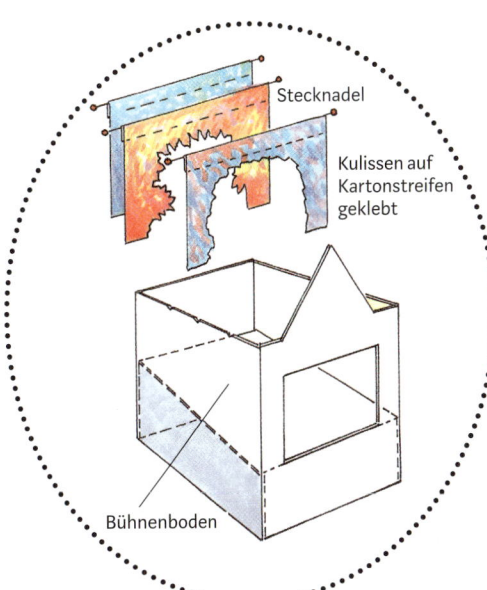

Stecknadel

Kulissen auf Kartonstreifen geklebt

Bühnenboden

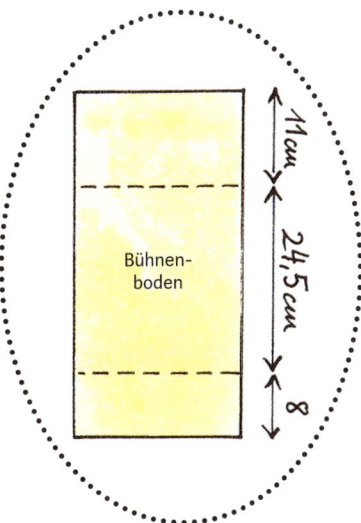

Bühnenboden

11 cm

24,5 cm

8

TIPP

Wenn der Bühnenzauber vorbei ist, kann das Theater schnell wieder abgebaut werden: Nur zwei Klebestreifen lösen – und der Bühnenboden und das Theatergehäuse können flach zusammengelegt werden.

2 Die Kulissenwände aus farbigen Papieren reißen oder schneiden und auf Kartonstreifen kleben. In den Seiten Stecknadeln fixieren; so kann man die Kulissen einfach in die Bühne hängen.

3 Der Bühnenboden ist dreiteilig. Weil er nach hinten leicht ansteigt, ist der hintere Streifen etwas höher als der vordere. Ein Buch, unter den Boden geschoben, gibt der Bühne einen sicheren Stand.

Figuren

1 Die Figuren bastelt man aus Kartonstückchen, Wattebällchen, Streichhölzern, Ton- und Buntpapier. Den Körper bildet ein Stück Wellpappe.

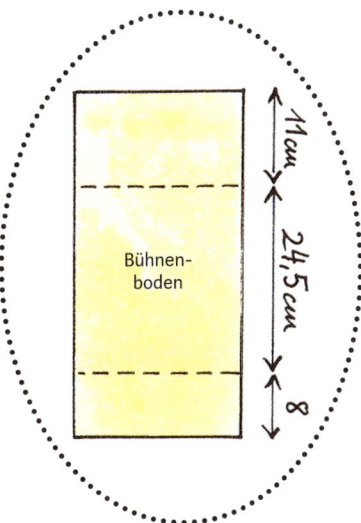

Streichholz

Streichholz

MATERIAL

FIGUREN

- Kartonstücke
- Wattebällchen
- Streichhölzer
- buntes Papier
- Nähgarn
- Schere
- Kleber

Garn

gerolltes Tonpapier

2 Arme und Beine aus Tonpapier rollen und mit dünnem Faden locker an den Körper kleben oder knoten. Aus Streichhölzern sind Nase und Füße.

Buntpapier

3 Einen flotten Hut mit schöner Feder aus Buntpapier falten. Die große Haarlocke besteht ebenfalls aus gerolltem Papier.

Perliko – Perlako

MATERIAL

STABPUPPE

- ⅔ Papierbrei
- ⅓ Sägemehl mit Holzleim
- Rundstab
- Stoff
- Dispersionsfarbe
- Deckfarben
- Pinsel

Der Teufel mit den drei goldenen Haaren hat es nicht leicht mit dem Kasperl. Denn der will nicht so, wie er gern möchte. Und jedes Mal endet ihr Zusammentreffen mit einer handfesten Rauferei.

1 In einer alten Schüssel den Papierbrei mit dem Sägemehl gut vermischen. Ist die Masse zum Formen zu weich, noch etwas Sägemehl dazugeben. Vorsicht: Bei zu viel Sägemehl werden die Puppenköpfe nach dem Trocknen brüchig.

2 Die Masse um einen Stab zu einem Gesicht formen und nach dem Trocknen mit Feile und Schleifpapier glätten.

3 Für das Kostüm eine Stoffbahn wie einen Poncho zusammenlegen, in der Mitte ein Loch schneiden und den Führungsstab mit dem Kopf durchschieben. Den Stoff am Hals mit Kleber oder Schnur befestigen und die Stelle mit Schal oder Schleife verdecken.

4 Hände aus Filz oder Pappe an Stäbe kleben. Hände sichtbar aus dem Poncho ragen lassen. Am „Handgelenk" fixieren, damit abwechselnd oder gleichzeitig die Puppenhände vom Spieler bewegt werden können.

Eierköpfe

Nach dem Picknick zeigt das „Bauerntheater aus der Eierschachtel" neue Ritterspiele. Schnell ist die Truppe in Kostüm und Maske.

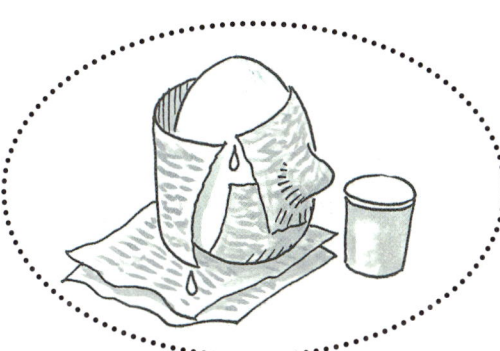

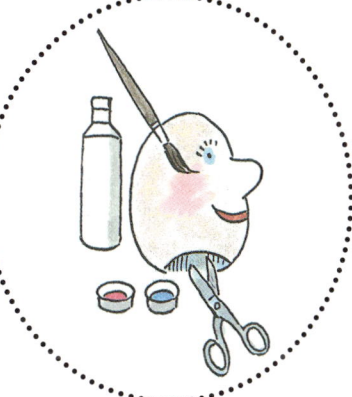

MATERIAL

EIERKÖPFE

- ausgeblasene Eier
- Zeitungspapier
- Kleister
- Dispersionsfarbe
- Deckfarbe
- Pinsel

1 Für den Spielfigurenkopf mehrere Lagen Zeitungspapierschnipsel über die dünne Eierschale kaschieren.

2 Den getrockneten Kopf mit Dispersionsfarbe grundieren, anschließend bemalen. Unten ein Fingerloch ausschneiden.

3 Als Spieler ein Stück Stoff über den Zeigefinger streifen und in das Loch stecken – fertig ist die Fingerpuppe.

40

Das Wunder-Ei

Schnipsel-Ei

bezogen mit
Drachenpapier
und Kleister

MATERIAL

- Styropor
- Holzleim
- Nylonstrumpf
- Zeitungspapier
- Dispersionsfarbe
- Feinsäge
- Raspel
- Pappstreifen
- Alufolie

Manchmal, sehr selten, legen Hühner ganz besondere Eier. Diese Eier unter-
scheiden sich entweder in der Form, in der Farbe oder durch die Struktur ihrer
Schale von gewöhnlichen Eiern. Wird ein solches Ei gefunden, verspricht man
sich von ihm Wunderkräfte.

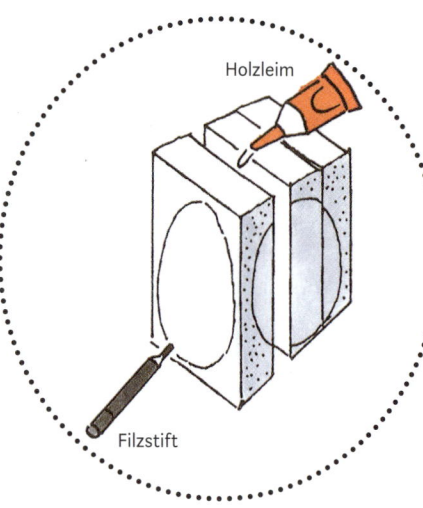

Holzleim

Filzstift

1 Zuerst die Styroporplatten zu einem
Styroporklotz zusammenkleben.

2 Aus diesem Klotz die Eiform mit
einer Feinsäge oder einem Messer grob
herausschneiden.

3 Mit einer Raspel in Form
bringen und glätten.

4 Das Ei in Alufolie einpacken und in einen alten Nylonstrumpf stecken.

5 Nun die Enden des Strumpfbeins verknoten und abschneiden.

Schablonierte Eier

Auf bunt gefärbte Eier wird ein angefeuchtetes Faltdeckchen aus Papier gedrückt und mit einem stumpfen Pinsel oder Schwämmchen dickflüssige Farbe kontrastierend darübergestupft. Bevor die Farbe trocken ist, wird die Papierschablone mithilfe einer Nadel an einer Seite angehoben und dann abgezogen.

6 Das ganze Ei mit Holzleim einstreichen und 2 bis 3 Schichten Zeitungspapier-Schnipsel mit leicht verdünntem Holzleim darüberkaschieren.

Holzleim

7 Das Ei außen noch mal mit Holzleim bestreichen und zum Trocknen aufhängen.

MATERIAL

SCHABLONIERTE EIER

- Eier
- Eierfarbe
- Zeichenpapier
- Schere
- Plaka- oder Dispersionsfarbe
- Pinsel
- Nadel

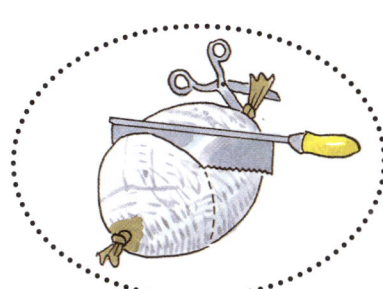

8 Nach dem Trocknen die Strumpfnippel abschneiden und die Stellen mit Zeitungspapier überkleben. Das Ei in der Mitte durchsägen und den Styroporkern entfernen.

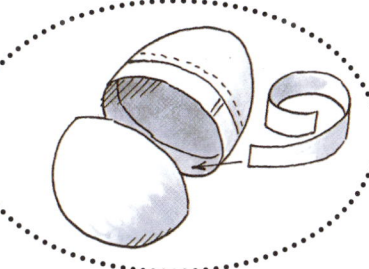

9 Einen Kartonstreifen in eine Ei-Hälfte kleben. Er bildet den Verschluss der Eierschachtel.

10 Zum Schluss das Ei mit Dispersionsfarbe bemalen. Jetzt kann der Osterhase in dem Wunder-Ei etwas Wunderbares verstecken.

41

Papierschöpfen

MATERIAL

- Schöpfrahmen mit Deckel
- 20 Filztücher
- 2 Pressplatten
- Altpapier
- Wanne
- Schraubzwingen
- Mixer
- Leim
- Füllstoff
- Färbemittel

TIPP

Papierbrei aus farbigen Tonpapieren färbt nicht aus und verfärbt nicht die Gautschtücher.

Viele Künstler haben als gestalterisches Ausdrucksmittel die alte Handwerkskunst des Papierschöpfens wiederentdeckt. Für den Hobby-Papierschöpfer gibt es im Handel eine einfache Papiermacherausrüstung zu kaufen. Das Set enthält alle wichtigen Utensilien, die zur Papierherstellung nötig sind.

Man kann sich einen Schöpfrahmen mit Deckel aus Holzleisten auch selber bauen. Das Drahtgitter (Fliegengitter) zum Bespannen gibt es in einer Eisenwarenhandlung zu kaufen. Es muss aus nicht rostendem Material sein, sonst nimmt man lieber ein Kunststoffgewebe. Bei einem größeren Sieb ist es ratsam, das Siebgeflecht mit Holmen zu unterstützen, damit es in der Mitte nicht durchhängen kann. Als Gautschtücher (s. S. 93) schneidet man sich weißen Filz zurecht, und als Pressplatten besorgt man sich mit Resopal beschichtete Pressspanplatten (ca. 1 cm stark).

Für den Papierfaserbrei kann fast jedes Papier wieder aufbereitet werden: Zeitungs- und Computerpapier, Pack- und Briefpapier. Das Papier sollte nur keine zu glänzende Oberfläche haben. Es wird in kleine Schnipsel zerrissen und im Haushaltsmixgerät mit warmem Wasser zerkleinert – nicht zu grob und nicht zu fein. In einer Wanne (Bütte), gefüllt mit lauwarmem Wasser, wird der im Mixer entstandene Papierbrei aufgelöst. Um dem Papier die notwendige Schreibfestigkeit zu geben, kann Leim und Füllstoff zugefügt werden. Am besten eignet sich dazu mit Wasser verdünnter Weißleim. Als Füllstoff wird ein Teelöffel Kaolin dazugegeben. Mit farbigen Tinten, Ostereier- oder Dispersionsfarben kann man das Papierfaserwasser färben. Auch der Zusatz von farbigem Papierbrei, gewonnen aus farbigem Papier, kann die neuen Bogen einfärben (siehe Tipp).

Schöpfrahmen

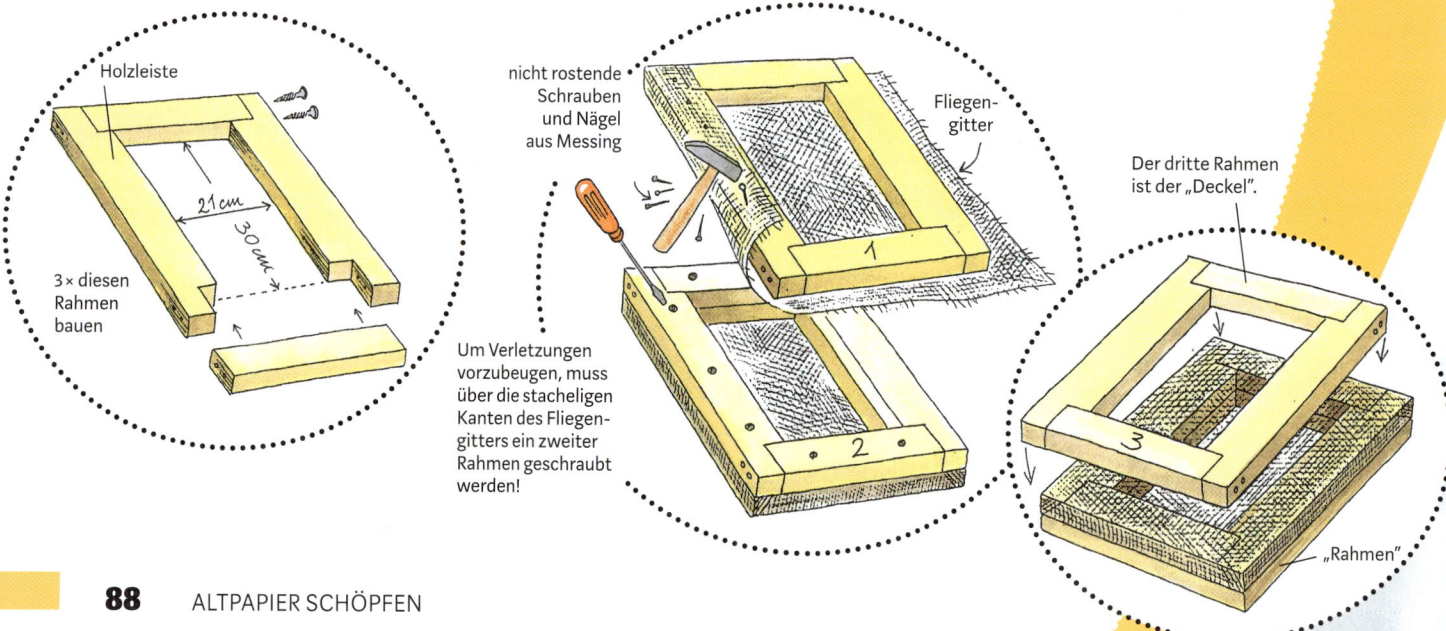

Holzleiste

21 cm

30 cm

3 × diesen Rahmen bauen

nicht rostende Schrauben und Nägel aus Messing

Fliegengitter

Um Verletzungen vorzubeugen, muss über die stacheligen Kanten des Fliegengitters ein zweiter Rahmen geschraubt werden!

1

2

Der dritte Rahmen ist der „Deckel".

3

„Rahmen"

1 Zum Schöpfen den Rahmendeckel auf das Flachsieb setzen, mit beiden Händen zusammenhalten und senkrecht in das Papierfaserwasser tauchen. Unter Wasser waagerecht drehen und langsam bewegen.

2 An der Wasseroberfläche immer noch waagerecht halten, in alle Richtungen rütteln, damit sich der geschöpfte Faserbrei auf dem Gitter gleichmäßig verteilt.

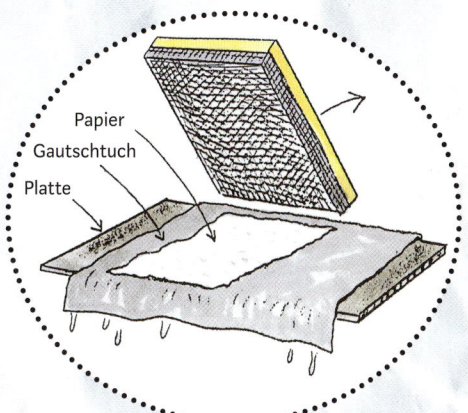

Papier
Gautschtuch
Platte

3 Aus dem Wasser heben, etwas schräg halten, damit das Wasser ablaufen kann. Dann den Rahmendeckel abheben und das Sieb, mit der Faserschicht nach unten, schwungvoll auf ein feuchtes Filz- oder Allzwecktuch stürzen, das auf einer der beiden Pressplatten liegt.

4 Das Sieb hochheben, dabei bleibt die Papierfaserschicht auf dem Filz zurück. Ein zweites feuchtes Filztuch darüberlegen und den nächsten geschöpften Papierbogen daraufstürzen. So weitermachen, bis alle feuchten Filztücher verbraucht sind.

Geschichtete Reihenfolge:

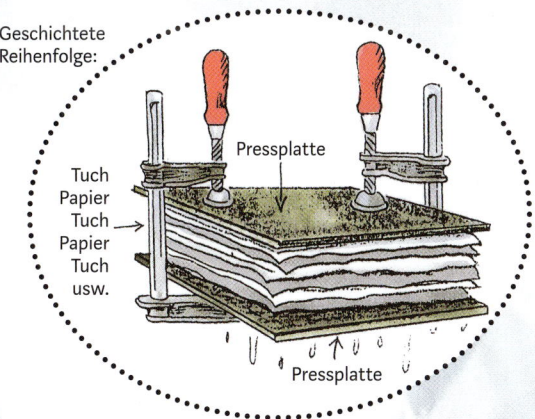

Pressplatte

Tuch
Papier
Tuch
Papier
Tuch
usw.

Pressplatte

Gautschtuch

Papier

Tuch- oder Zeitungsunterlage

5 Die zweite Pressplatte obenauf legen und den ganzen Pauscht pressen. Läuft kein Wasser mehr heraus, die einzelnen Filzlagen mit dem unten anhaftenden Papier flach auf trockene Tücher oder Zeitungsunterlagen drücken. Den Rand des geschöpften Papierbogens vorsichtig vom Filztuch pellen und dann das Filztuch ablösen.

6 Die Bogen zum Trocknen über Rundhölzer hängen. Durch Pressen oder Bügeln wird das noch etwas feuchte Papier geglättet.

Handzeichen

MATERIAL

- Mixer
- Schöpfrahmen mit Deckel
- Allzwecktücher für den Haushalt
- 2 Pressspanplatten
- Tonpapier
- Zeichenpapier, Bleistift
- Schere
- Plastikwanne
- Becher
- Schraubzwingen

Diese bunten Hände sind aus Papier geschöpft. Ein dunkler Bogen aus handgeschöpftem Papier bildet den Hintergrund. Für die lustigen Handschuhe werden verschiedene Farben von flüssiger Pulpe nacheinander in Linien oder Flecken in das Loch der Schablone gegossen.

Handschuh

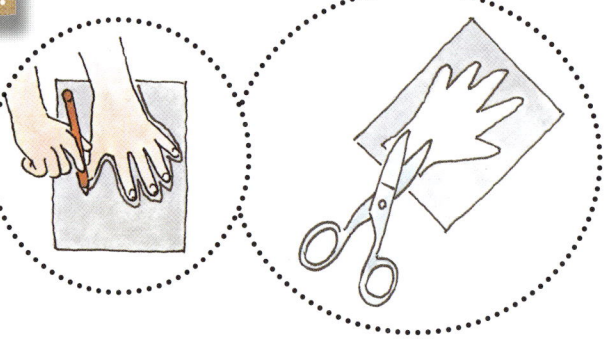

1 Aus festem Zeichenpapier eine Handschablone ausschneiden. Dabei nicht zu nahe an den Papierrand kommen. Das Umfeld stehen lassen.

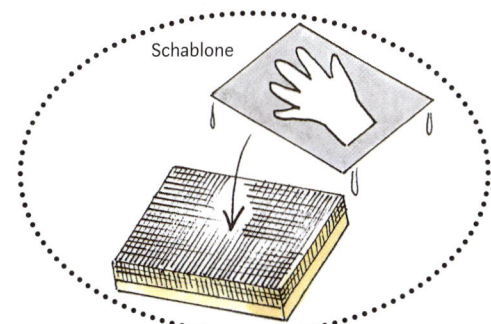

Schablone

2 Die Schablone durch Wasser ziehen und das feuchte Papier auf das Sieb des Schöpfrahmens legen.

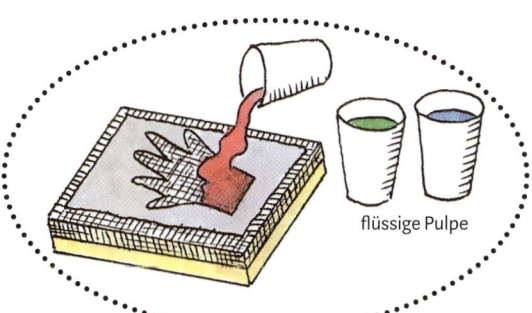

flüssige Pulpe

3 Buntes, im Mixer zerkleinertes Papier in Plastikbechern bereitstellen. Die Schablone aufdrücken und dann die flüssige Pulpe vorsichtig aus den Bechern in das Schablonenloch gießen.

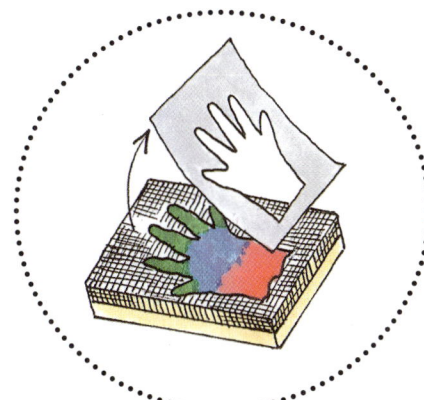

4 Ist das Wasser abgelaufen, die Schablone vom Rahmen nehmen und das Sieb mit der Papierhand auf das feuchte Untergrundpapier drücken. Nun über Hand und Papierschicht ein zweites feuchtes, glattes Tuch legen. Auf dem Tuch den nächsten nassen Papierbogen mit der nächsten bunten Hand ablegen usw.

5 Nach dem Auspressen des Wassers die Tücher nacheinander abnehmen. An jedem Tuch haftet eine Papierschicht. Diese auf eine glatte Unterlage legen, vorsichtig das Tuch ablösen und das Papier gut trocknen lassen.

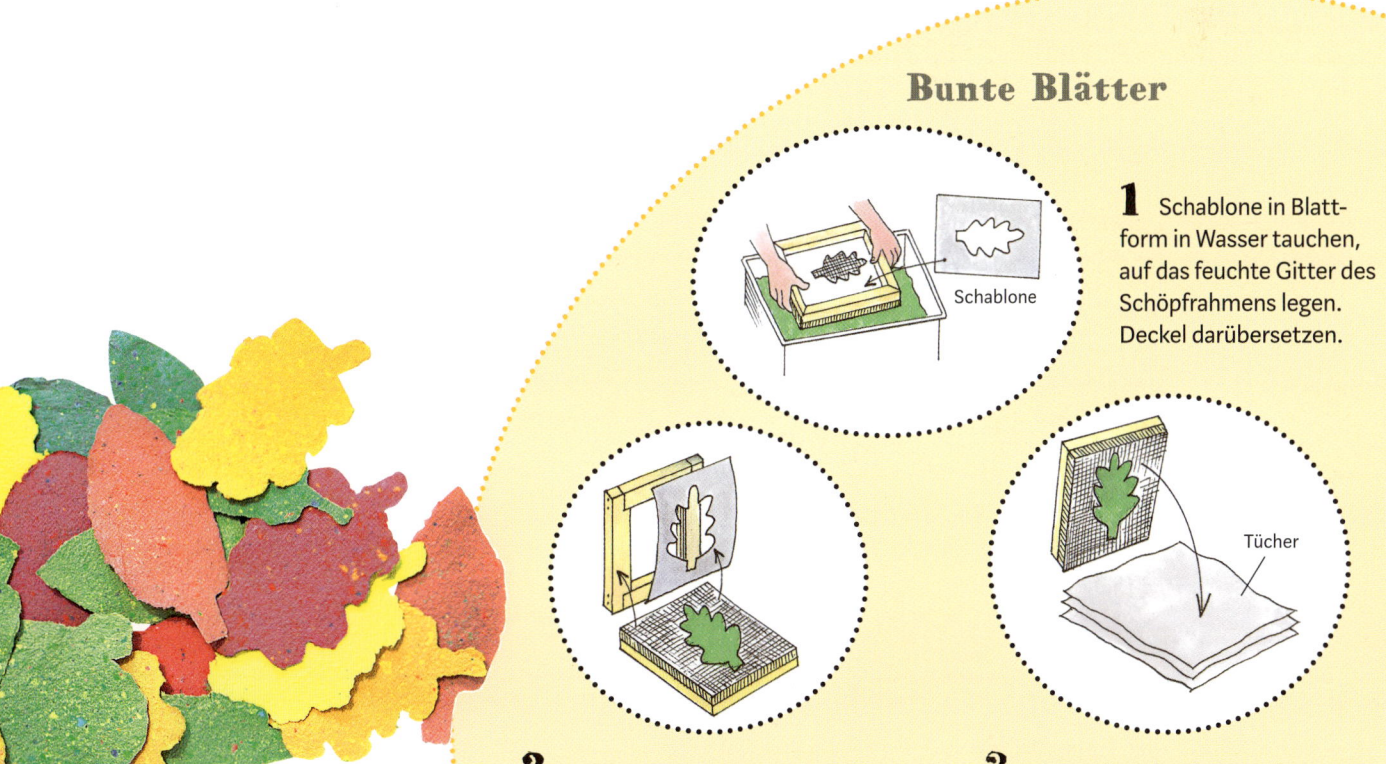

Bunte Blätter

Schablone

1 Schablone in Blattform in Wasser tauchen, auf das feuchte Gitter des Schöpfrahmens legen. Deckel darübersetzen.

Tücher

2 Deckel und Schablone abnehmen.

3 Blatt auf ein feuchtes Tuch stürzen. Mehrere Blätter- und Tücherlagen übereinanderstapeln, dann pressen.

Kurzinformation

PAPIER

Papier: Bei maschinell hergestelltem Papier laufen die Papierfasern in eine Richtung. Wenn sie feucht werden, dehnt sich der Bogen quer zu dieser Laufrichtung mehr aus als in Laufrichtung. Beim Trocknen „verzieht" er sich. Die Laufrichtung bestimmt auch das Verhalten des Papiers, wenn es gefaltet, gerissen oder geklebt wird. Bei handgeschöpftem Papier sind die Fasern gleichmäßig verteilt. Es besitzt höhere Flexibilität und Widerstandsfähigkeit als maschinell hergestelltes Papier. Je größer die Faserdichte, desto schwerer ist das Papier. Sein Gewicht wird in Gramm pro Quadratmeter gemessen. Bis 250 g/qm spricht man von Papier, bis 600 g/qm von Karton und darüber von Pappe. Die Übergänge sind jedoch fließend.

Aktendeckel: Farbiger Karton (siehe Karton).

Büttenpapier: Ursprünglich aus der Bütte handgeschöpftes Papier; heute wird es vor allem auf der Rundsiebmaschine gewonnen und ist mit seinem unregelmäßigen Rand, oft mit Wasserzeichen versehen, den handgeschöpften Bogen sehr ähnlich.

Drachenpapier: Siehe Pergamin

Geleimtes Papier: Durch Zusatz von Leimstoffen, entweder auf der Papieroberfläche oder der Fasernsuspension beigefügt, wird die Saugfähigkeit des Papiers verringert.

Ingrespapier: Ein Büttenpapier, in der Durchsicht mit hellen Rippen, nach Art des verwendeten Siebes. Es eignet sich gut für die Herstellung von Marmorpapieren auf Schleimgrund.

Japanpapier: Handgeschöpfte Papiere aus den Bastfasern des Papiermaulbeerbaums (Kozo), des Gampi- und Mitsumata-Strauchs, unter Zusatz des Pflanzenschleims einer Hibiskuswurzel. Seine langen Fasern machen auch sehr dünnes Papier besonders reißfest.

Karton: Einlagig ist er sozusagen „dickeres" Papier. Bei mehrlagigem Karton werden mehrere feuchte Papierlagen zusammengepresst.

Krepppapier: Farbiges Papier, in Kreppfalten gekräuselt; in der Laufrichtung dehnbar.

Kunstdruckpapier: Hochwertiges Papier, mit gestrichener, glänzend glatter Oberfläche.

Origamipapier: Quadratische Faltblätter, einfarbig, gemustert oder in Farbverläufen eingefärbt.

Pappe: Ist schwerer als Papier und Karton. Sie besteht wie Karton aus mehreren, im feuchten Zustand zusammengepressten Papierlagen. Am häufigsten werden Graupappe (elastisch, aus Altpapier) oder Braunpappe (elastisch, braun, aus gefärbtem Altpapier) verwendet.

Packpapier: Sammelname für zur Verpackung dienende Papiere von besonderer Steife und Elastizität, Reiß-, Knitter- und Scheuerfestigkeit.

Papier- oder Pappmaschee (Franz. „zerkautes" Papier): Papierbrei, vorwiegend aus Zeitungspapier oder Eierkartons. Der Papierbrei entsteht durch Einweichen und Zerfasern der zerpflückten Grundstoffe – im Küchenmixgerät eine Arbeit von Sekunden. In ein Sieb gegossen, fließt das Wasser ab und der zurückbleibende Papierbrei wird mit Leim oder Kleister und eventuell mit Füllstoffen wie Kreide, Tonmehl oder Kaolin versetzt. Die entstandene Modelliermasse wird auch „Bildhauerpapier" genannt. Im 19. Jahrhundert, vor der Erfindung des Kunststoffs, war sie ihrer guten Eigenschaften wegen sehr beliebt: Sie war preiswert und ließ sich gut bemalen. Man produzierte daraus Schachteln und Schalen, Puppenköpfe, Figuren, Bilderrahmen, Möbel und vieles mehr.

Pergamin: Transparentes Buntpapier, besonders geeignet zum Basteln von durchscheinenden Laternen und Papierdrachen – auch Drachenpapier genannt.

Seidenpapier: Sehr dünnes Papier (unter 30 g/qm), ist in vielen Farben erhältlich; färbt in Verbindung mit Wasser oder flüssigem Klebstoff ab.

Transparentpapier: Durchscheinendes Papier aus hochwertigen, durch schonendes Mahlen gewonnenen Fasern.

Wachspapier: Hadernpapier, durch Imprägnieren mit Wachs, Paraffin oder Kunststoff wasserdicht bzw. wasserabweisend gemacht.

Wellpappe: Zeichnet sich trotz niedrigem Gewicht durch hohe Steifigkeit aus. Zwischen Papier- und Kartonlagen sind gewellte Papierlagen geklebt. Bei der einfachen elastischen Wellpappe ist eine gewellte Papierbahn auf eine glatte geklebt.

Zeichenpapier: Weißes Papier mit geleimter Oberfläche.

Zeitungspapier: Leichtes, holzhaltiges Papier. Eignet sich zum Kaschieren, für Kleister-Knüllpapierarbeiten und zum Papierschöpfen mit Kindern.

Zellstoff: Durch chemischen Aufschluss von Holzfasern gewonnener Faserstoff.

AUS DER WERKSTATT DES PAPIERMACHERS

Mahlen: Zerkleinern und Zerfasern der Rohstoffe für den Papierbrei.

Aufschlämmen: Papierbrei mit Wasser versetzen.

Bütte: Gefäß, aus dem das Papier geschöpft wird.

Gautschtücher: Ungefärbte Filztücher, auf die die frisch geschöpften Papierbogen vom Sieb gegautscht, das heißt abgedrückt werden.

Pauscht: So nennt man den geschichteten Stapel feuchter Filztücher mit frischen Papierbogen, aus denen das Wasser gepresst wird.

Schöpfrahmen: Wird auch Form genannt; ist ein flaches, rechteckiges Sieb, mit dem die Papierbogen geschöpft werden.

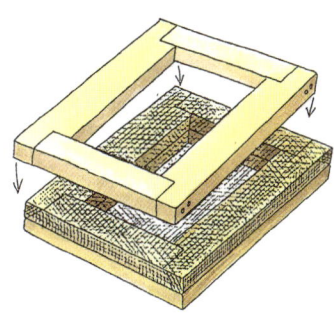

Schöpfrahmen

Deckel: Heißt der abnehmbare Rahmen, der über das rechteckige Sieb beim Schöpfen gelegt wird. Er grenzt den Papierbogen ein und sorgt für den typischen „Büttenrand" handgeschöpfter Papiere.

WERKZEUGE UND MATERIALIEN

Ahle, Stichel, Vorstecher: Spitze Werkzeuge zum Löcherstechen.

Silhouettenschere: Kleine, spitze Schere.

Papiermesser (Cutter): Haltevorrichtung mit auswechselbaren Klingen.

Kleber: Papierklebestoffe von pastös (Klebestift) über dickflüssig (Tube, klar) bis flüssig (Flasche) von verschiedenen Firmen – auch ohne Lösungsmittel (Dämpfe!) – erhältlich.

Weißleim: Synthetischer Leim (Planatol, Caparol, Ponal), mit Wasser verdünnbar; besonders geeignet für Buchbindearbeiten und als Bindezusatz der Papierschöpfemulsion.

Kleister: Zellulose-Klebstoff (Glutofix, Metylan), eignet sich zum Kleben von Papier, zum Kaschieren (= Überkleben mit Papier), als Marmoriergrund und für die Herstellung farbiger Kleisterpapiere.

Klebeband: Transparenter, farbloser PVC-Folienfilm.

Packband: Hellbrauner, breiter, besonders kräftiger Verpackungs- und Abdeckfilm.

Krepp-Klebeband: Klebestreifen aus dehnbarem Spezial-Krepppapier.

Musterklammer: In verschiedenen Größen erhältlich – Messingklammer mit Flügeln, zum Verschließen von Versandtüten.

Styropor: Hartschaumstoff, in verschiedenen Plattenstärken.

Ytongsteine: Poröser Leichtbaustein.

Kaolin: Porzellanerde (China-clay), weißes Tonerdepulver; als Füllstoff beim Papierschöpfen geeignet; im Töpfereibedarf erhältlich.

Gips: Die gebrannte, pulverisierte Form des mineralischen Gipssteins. Tipp: Gipspulver immer in Wasser einrühren, nicht umgekehrt! Das Verhältnis ist 1/3 Gips : 2/3 Wasser. Die Masse muss schnell verwendet werden; sie hat in ca. 10 Minuten abgebunden.

Hasengitter: Dünner, verzinkter Maschendraht.

Blumendraht: Dünner Wickeldraht.

So ensteht ein Briefkuvert

mit Spritzschutzsieb
Papier schöpfen

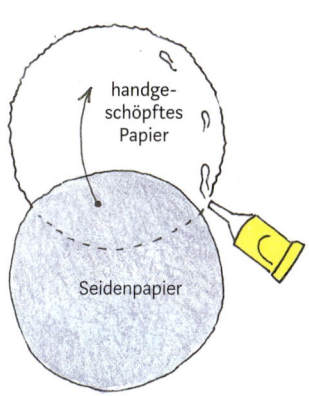

Seidenpapier aufkleben

handge-
schöpftes
Papier

Seidenpapier

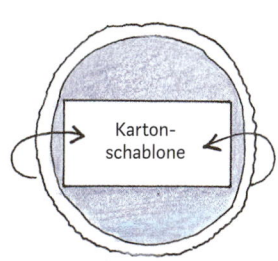

um Schablone falzen

Karton-
schablone

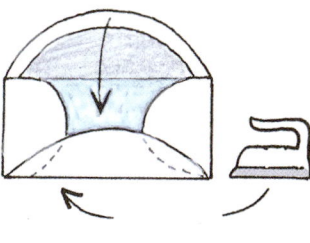

Kanten bügeln

Register

Register